CRAFT · BEER KOCHBUCH

REZEPTE VON STEVAN PAUL

TORSTEN GOFFIN
DANIELA HAUG

CRAFT BEER KOCHBUCH

Stevan Paul
Torsten Goffin
Daniela Haug

REZEPTE
Stevan Paul

TEXTE
Torsten Goffin

FOTOS
Daniela Haug

CRAFT BEER KOCHBUCH

Wurst&Bier
Markthalle Neun

PALE
ALE

„WER BIER TRINKT, LEBT HUNDERT JAHRE"

ITALIENISCHES SPRICHWORT

Keine Frage – so viel Bier wie zur Zeit war selten! Kaum ein Wochenende, an dem sich nicht irgendwo in Europa tausende von Menschen träfen, um auf Festivals gemeinsam Biere zu probieren, kein Monat, in dem nicht irgendwo eine Brauerei mit der Produktion von individuellen, handwerklich hergestellten Bieren weit abseits der Uniformität der großen, bekannten „Fernsehbiere" startete.

Craft-Bier – vom angelsächsischen Begriff für Handwerk – lautet der Name des Phänomens, dessen Ursprünge jenseits des Atlantiks liegen. Begonnen hat dort alles vor etwas mehr als drei Jahrzehnten als trotzige Reaktion auf die extrem monoton gewordene amerikanische Bierlandschaft. Brauen zur Selbsthilfe, sozusagen. Inzwischen ist daraus eine weltweite Bewegung erwachsen, die in ihrem Ursprungsland zum alltäglichen Bestandteil der allgemeinen Bierkultur geworden ist – kaum ein Supermarkt in den USA heutzutage, der nicht über ein reichhaltig gefülltes Regal mit Craft-Bieren verfügen würde.

Davon sind wir hierzulande zwar noch weit entfernt. Doch auch in Europa finden sich immer öfter IPA, Porter, Gose, Lambik, Stout und Ale: mit großer Hingabe und Leidenschaft produzierte Biere – gebraut von Menschen, die Bier in erster Linie als wertvolles Kulturgut begreifen und nicht als zur Profimaximierung hergestellte Ware.

Einige der Protagonisten dieser Bewegung wollen wir in diesem Band vorstellen – ein bunter Mix aus Platzhirschen und Newcomern, ergänzt von alteingesessenen, traditionellen Brauereien.

BRAUEREIEN

Cantillon – Brüssel, Belgien
de Molen – Bodegraven, Niederlande
BRLO – Berlin
Uerige – Düsseldorf
Hofstetter – St. Martin, Österreich
Vormann – Hagen
Kehrwieder Kreativbrauerei – Hamburg
Ale-Mania – Bonn
Schönramer – Petting
Schneider – Kehlheim
Kernel – London, UK
Bogk Bier – Berlin
Feral Brewing – Baskerville, Australien

Dazu werfen wir natürlich auch einen Blick auf deren Erzeugnisse: die Biere. Dies vor allem unter Berücksichtigung eines Aspekts, der bislang oft zu kurz kam, wenn von Craft-Bier die Rede war: dem dazu passenden Essen.

So finden sich in diesem Buch – neben einigem Wissenswerten zu Bieren und Braustilen – auch 57 von Stevan Paul eigens für das Kochen mit und zum Bier entwickelte Rezepte mit konkreten Vorschlägen, welche Biere man mit den Speisen kombinieren kann. Eines ist uns dabei besonders wichtig: So konkret die einzelnen Vorschläge auch sein mögen – nichts liegt uns ferner als Dogmatik. Wir wollen keine festen, unumstößlichen Regeln aufstellen, sondern Anregungen geben. Vor allem aber wollen wir Lust darauf machen, in eigenen kulinarischen Streifzügen die hochspannende Welt und bunte Vielfalt der neu erwachten Braukultur zu entdecken.

0
20
40
60
80
100
120
SCHULZ
C
157643

DER TOPF AM FEUER

VOM WESEN DES BRAUENS

„In den Urzeiten versammelten sich die Menschen abends am Feuer mit einem Kessel Getreidebrei. Schoben sie den etwas näher ans Feuer, bekamen sie Brot, schoben sie ihn etwas weiter weg, bekamen sie Bier.“

So beschreibt der Berliner-Weiße-Brauer Andreas Bogk die Anfänge der Bierkultur. Zugeben: Seine Beschreibung ist stark verkürzt – sie trifft aber zwei Punkte höchst präzise: Zum einem die enge Verwandtschaft zwischen Brauen und Brotbacken, zum anderen den extrem langen Zeitraum, den die Menschheit sich schon mit dem Brauen beschäftigt. Die ältesten Überlieferungen zum Thema sind rund 6000 Jahre alt und stammen von den Sumerern – Anthropologen und Archäologen gehen aber davon aus, dass die Geschichte des Brauens (und die des Backens) schon mit dem Wechsel der Lebensweise vom Jäger und Sammler hin zu Ackerbau und Viehzucht beginnt – wir Menschen uns also seit mindestens 11.000 Jahren Bierartiges zusammenbrauen. Ein stehen gelassener Topf mit gekochtem Getreide – und ein paar Tage später die Entdeckung der verblüffend beschwingenden Wirkung des bedrohlich vor sich hin blubbernden Breis, so sah vermutlich die Geburtsstunde des Urahns aller Biere aus.

Doch was passiert da eigentlich genau? Und ist Bierbrauen tatsächlich so einfach? Im Prinzip ja, ist die Antwort. Im Detail allerdings lautet sie eher wie der Beziehungsstatus vieler Facebook-Mitglieder: *Es ist kompliziert!* Kern jeder Bier-Genese ist jedenfalls die alkoholische Gärung, also die Umwandlung von Zucker in Kohlendioxid und Alkohol durch Hefe. Die dazu notwendige Hefe findet sich überall in der Luft. Deswegen beginnen zuckerhaltige Flüssigkeiten nach kurzer Zeit ganz automatisch zu gären. Spontangärung nennt sich das und einige Biere, zum Beispiel das belgische Lambik, werden bis heute so vergoren. Aber warum wird dann eigentlich nicht aus jedem länger aufgehenden Hefeteig innerhalb kürzester Zeit eine alkoholgeschwängerte Masse?

Ganz einfach: Weil Hefen nur Zucker vergären können – doch der ist in Getreide praktisch kaum als solcher vorhanden. Denn um dem höchst energiereichen Zucker im Getreidekorn vor Hefen und anderen „Räubern“ zu beschützen, hat sich die Evolution ein spezielles Speicherformat einfallen lassen: die Stärke. Die ist zwar auch nichts anderes als eine lange Kette von Zuckermolekülen, aber eben genau dadurch vor dem Zugriff von Hefen geschützt. Zu einzelnen Zucker-Molekülen wird die Stärke nämlich erst wieder in dem Moment, in dem die in ihr gespeicherte Energie tatsächlich gebraucht wird – beim Keimen. Das geschieht mit Hilfe von bestimmten Enzymen, die in Spuren schon im Korn vorhanden sind, in voller Menge aber erst im Bedarfsfall gebildet werden. Wer also Bier brauen möchte, muss als Erstes dafür sorgen, dass die im Korn vorhandene Stärke zu Zucker umgewandelt werden kann.

Und genau das ist es, was beim Mälzen, dem ersten wichtigen Schritt auf dem Weg zum Bier, passiert. Wie wichtig er ist, erkennt man auch daran, dass der offizielle Ausbildungsberuf in Deutschland „Brauer und Mälzer“ heißt. Doch auch wenn die Bezeichnung die beiden Tätigkeiten unmittelbar miteinander verbindet, ist das Mälzen zur Aufgabe von Spezialisten geworden, die wenigsten Brauereien mälzen heutzutage noch selbst. Eine der raren Ausnahmen: die Münchener Augustiner Brauerei, die dafür sogar noch das traditionelle Tennenmalz-

Verfahren einsetzt, das zwar aromatisch überlegen ist, aber aus Effizienz- und Kosten-Gründen kaum noch zum Einsatz kommt.

Das Grundprinzip des Mälzens ist einfach: Durch Feuchtigkeitszufuhr und eine geeignete Temperatur wird die Keimung des Getreides in Gang gesetzt, sodass das Korn mit der Bildung der zum Stärkeabbau notwendigen Enzyme beginnt. Dann stoppt man diese Keimung durch Trocknung, Darren genannt, bevor das Korn die in ihm enthaltene Stärke selbst verstoffwechseln kann. In früheren Zeiten wurde dafür das feuchte Malz über offenem Feuer getrocknet – ein kräftiges Raucharoma im fertigen Produkt war die unvermeidliche Folge. In bestimmten Bierrezepturen finden sich solche Rauchmalze auch heute noch. In Bamberg haben sich gar Biere gehalten, die ausschließlich mit Rauchmalz gebraut werden. Aber auch die Temperatur beim Darren hat einen starken Einfluss auf die aromatischen Eigenschaften und die Farbe des Malzes. Jeder Schmorbraten-Liebhaber und jeder Brotbäcker kennt die Maillard-Reaktion, bei der Kohlenhydrate und Eiweiße dunkle, wohlschmeckende Röststoffe entwickeln, wenn eine bestimmte Temperatur erreicht wird. Nichts anderes passiert bei den sogenannten Röstmalzen.

Die beiden ersten Schritte beim eigentlichen Brauen sind das Schroten und das Maischen. Die grobe Zerkleinerung des gewählten Malz-Mixes – für ein gutes Bier werden meist Malzsorten unterschiedlicher Machart und Eigenschaften zu einer Komposition zusammengefügt – macht Stärke und Enzyme zugänglich. Das langsame Erhitzen löst die Bestandteile heraus und aktiviert gleichzeitig bei bestimmten Temperaturstufen verschiedene Enzyme. Mit dem sogenannten Rasten, dem Verweilen bei diesen Temperaturstufen, gibt der Brauer den Enzymen Gelegenheit, ihre Wirkung zu entfalten und steuert so Faktoren wie Schaumbildung, Haltbarkeit, aber auch Klarheit und Süße seines späteren Bieres. Eine Erhitzung auf rund 75 °C, die alle in der Flüssigkeit vorhandenen Enzyme deaktiviert, und das abschließende Läutern, also die Trennung der festen Kornbestandteile von den flüssigen, schließen das Maischen ab. Zurück bleiben der oft als Viehfutter eingesetzte Treber und die sogenannte Vorderwürze, also die Flüssigkeit, in der sich nun der Malzzucker befindet, den die später hinzukommenden Hefen zu Alkohol vergären sollen.

Zunächst einmal aber wird die Würze mit Hopfen versehen und gekocht. Das löst einerseits die erwünschten, dem Bier Geschmack und Stabilität gebenden Bitterstoffe aus dem Hopfen, tötet zum anderen eventuell mit dem Malz eingebrachte Keime und zerstört schließlich auch die letzten noch verbliebenen aktiven Enzyme. Über die Dauer des Kochprozesses und die damit verbundene Flüssigkeits-Reduktion kann der Brauer schließlich auch den Zuckergehalt der fertig gekochten Würze – und somit den Alkoholgehalt des späteren Bieres – steuern.

Beim sogenannten Ausschlagen wird erneut die Flüssigkeit von den zugegebenen Feststoffen wie dem Hopfen getrennt. Danach wird das Bier heruntergekühlt. Früher geschah das im sogenannten Kühlschiff –, großen kupfernen Becken, meist direkt unter dem Dach der Brauerei – heute meist mit Kühlern in Tanks. Eine weitere Hopfengabe für das Aroma des Bieres schließt sich hier oft an. Dann ist es endlich Zeit für die eigentliche Gärung. Die startet entweder durch die spontane Infektion mit Hefe in der Umgebung, meist aber durch das Zusetzen ausgesuchter Hefestämme. Je nach deren Beschaffenheit wird vom Brauer auch die Gärtemperatur gesteuert.

Bis zum Ende des 19. Jahrhunderts war in den meisten Regionen der obergärige Braustil üblich, bei dem Hefen verwendet werden, die eine Raum-Temperatur zwischen 15 und 20 °C benötigen, um optimal zu arbeiten. Sie heißen obergärig, weil sie im Gärungsverlauf oben auf dem Flüssigkeitsspiegel aufschwimmen. In Bayern mit seinen kalten Wintern und der sich daraus ergebenden Möglichkeit, auf eigens dafür angelegten Teichen Natureis zu produzieren und in Felsenkellern lange zu lagern, hatte sich dagegen der untergärige Stil, der Gärtemperaturen zwischen 4 und 9 °C benötigt, durchgesetzt. Bei ihm setzen sich die Hefen gegen Ende am Boden des Gärbottichs ab. Untergärige gebraute Biere benötigen eine längere Reifezeit, weshalb sich im englischen Sprachraum bis heute der Gattungsbegriff „Lager“ für sie gehalten hat. Sie sind im Vergleich zu ihren obergärigen Kollegen deutlich länger haltbar – neben der klaren und frischen Aromatik sicher mit ein Grund für den Siegeszug, den sie seit der Erfindung von mechanisch betriebenen Kühlmaschinen und damit der jahreszeitlich und regional unabhängigen Verfügbarkeit von Kälte Ende des 19. Jahrhunderts angetreten haben.

Heutzutage wird das Gros der auf Gerstenmalzen basierenden Biere weltweit untergärig gebraut, nur für Weizenbiere und einige regionale Spezialitäten wie Alt, Kölsch oder britische Ales hat sich das obergärige Verfahren gehalten. Doch egal ob obergärig oder untergärig: Die zur Gärung verwendeten Hefen, genauer gesagt, deren Gärnebenprodukte, sind neben den Aromen von Malz und Hopfen der dritte große Faktor des Geschmacksprofils des fertigen Biers.

Zu dessen Vollendung muss das Jungbier, wie es nach Ende der Haupt-Gärung genannt wird, dann in Drucktanks noch eine gewisse Zeit bei kühleren Temperaturen nachreifen. Kleinere Mengen von verbliebenem Zucker werden während dieser Reifung von der Hefe noch weiter vergoren, das dabei entstehende Kohlendioxid löst sich im Bier und sättigt es schließlich mit CO2. Insbesondere bei Craft-Bier wird zur Reifung eine letzte Gabe Hopfen hinzugegeben. Bei der sogenannten Kalthopfung – auch Hopfenstopfen genannt – werden auch die fruchtigflüchtigen ätherischen Aromen des Hopfens, die beim Würzekochen sonst in aller Regel verloren gehen, ins Bier eingetragen. Biere von ungewohnt intensiver fruchtiger Aromatik sind die Folge.

Nach Abschluss der Lagerphase ist das Bier dann endgültig zur Abfüllung in Flaschen oder Fässer bereit. Je nach Bierstil wird zuvor blank, also völlig klar, gefiltert oder auch eine gewissen Menge Hefe im Bier belassen. Letzteres auf jeden Fall bei den Bieren, die in der Flasche nachreifen, beispielsweise, weil sie in offenen, nicht druckdichten Gebinden wie Holzfässern gereift sind und noch – wie bei Sekt und Champagner – in der Flasche Kohlendioxid für die erwünschte Spritzigkeit entwickeln müssen. Eine sogenannte Speisegabe in Form von Würze oder auch Glucose gibt den Hefen hierfür die notwendige zusätzliche Nahrung.

Keine Frage: Auf seinem langen Weg durch die Jahrtausende vom ersten zufällig vergorenen frühsteinzeitlichen Kessel Getreidebrei hin zum Bier, wie wir es heute kennen, hat sich zwar eine Menge getan – doch im Prinzip braucht es zum Brauen bis heute nicht mehr als einen großen Kessel und die Möglichkeit, ihn langsam und kontrolliert zu erhitzen. Wie tausende von Hobbybrauern weltweit jeden Tag aufs Neue beweisen.

DAS „GRÜNE GOLD" DER BRAUER

WIE DER HOPFEN INS BIER FAND

„... durch seine Bitterkeit verhindert er einen gewissen Verderb in Getränken, zu denen er gegeben wird, so halten sie länger."

HILDEGARD VON BINGEN

Von der mikrobiologisch stabilisierenden Wirkung des Hopfens wusste also schon Hildegard von Bingen zu berichten – und doch lehnte die Universalgelehrte den Einsatz von Hopfen in Bier ab. Sie empfahl stattdessen Eschenblätter und andere Kräuter als stabilisierende und würzende Zusätze für das damals übrigens meist aus Hafer gebraute Bier.

Denn so untrennbar der Hopfen heute für uns mit dem Malz vermählt sein mag, zu Beginn der Braugeschichte waren die beiden noch kein Traumpaar. Stattdessen wurden hierzulande die Biere meist mit Grut gebraut, einer oftmals wild verwegenen Kräutermischung, die überall ein wenig anders zusammengesetzt war und zu deren Bestandteilen zuweilen auch psychotrope Bestandteile wie das Bilsenkraut gehörten.

Erst als die Bremer Hanse Mitte des 13. Jahrhunderts begann, gehopfte Biere in das damalige Welthandelszentrum Brügge zu exportieren, war das der Startschuss für den Siegeszug des Hopfens – zusammen mit dem Wechsel von Hafer auf Gerste letztlich der Anfang des Bieres, so wie wir es heute kennen. Der Endpunkt der Entwicklung war dann das bayrische Reinheitsgebot von 1516, das neben Wasser nur Hopfen und Gerste als Grundstoffe zum Bierbrauen zuließ.

Heute werden weltweit auf fast 50.000 Hektar rund 90.000 Tonnen der bis zu acht Meter hoch wachsenden Pflanze geerntet. Mehr als ein Drittel dieser Menge wird in Deutschland produziert. Hier findet sich folgerichtig auch das weltweit größte zusammenhängende Hopfenanbaugebiet, die sich südlich der Donau zwischen Ingolstadt und Regensburg erstreckende Hallertau. Eine Kulturlandschaft von rund 2.400 Quadratkilometern, deren verbindendes Element der seit dem 8. Jahrhundert belegte Hopfenanbau ist. Hopfen und Bier haben in der in der Hallertau auf vielfältige Weise Spuren hinterlassen. In Form der weltweit ältesten Klosterbrauerei in Weltenburg beispielsweise oder in Form des Deutschen Hopfenmuseum in Wolnzach (mehr unter www.hopfenland-hallertau.de). Vor allem aber natürlich in Form der rund 15.000 Hektar Hopfengärten, die insbesondere kurz vor der Ernte zwischen Ende August und Ende September einen imposanten und besuchenswerten Anblick bieten.

Es gibt über 200 verschiedene Hopfensorten, bei denen man zwei Hauptgruppen unterscheidet: zum einen die sogenannten Bittersorten mit einer möglichst hohen Menge an Alphasäure (der Substanz, die vor allem für Bitterkeit und konservierende Wirkung zuständig ist), zum anderen die Aromasorten, die weniger Alphasäure und deutlich mehr ätherische Öle und andere Aromastoffen beinhalten. Vor allem Letztere sind untrennbar mit der Craft-Bier-Revolution verbunden.

Doch dazu mehr im folgenden Kapitel ...

AM ANFANG STAND EIN IPA

„Für eine Menge Menschen ist der erste Kontakt mit Craft-Bier wie die Entdeckung eines völlig neuen Art von Musik, von der man vorher noch nie gehörte hatte, die einen nun aber für den Rest seines Lebens begleiten wird. Ich meine: Was könnte schöner sein?“

GARRET OLIVER/BROOKLYN BREWERY

Spricht man mit Craft-Bier-Freunden oder gar -Brauern, so erinnern sich erstaunlich viele sehr präzise an ihren *lightbulb moment*, das Bier, das ihre Sicht auf die Welt des Brauens für immer verändert hat. Beim Australier Brendan Varis von der Feral Brewing war's beispielsweise das „Delirium Tremens“, ein belgischer Klassiker: *„Nachdem ich es getrunken hatte, habe ich einen kompletten Wochenlohn ausgegeben, nur um weitere Biere zu probieren, die ich vorher noch nie gekostet hatte!“*

Bei vielen Bierfreunden hört man erstaunlich oft die gleichen drei Buchstaben, wenn die Sprache auf das kommt, was ihre Liebe und Leidenschaft für handwerklich gebraute Biere entfacht hat: I-P-A. Englisch ausgesprochen stehen sie für India Pale Ale – den Bierstil, der das Phänomen Craft-Bier repräsentiert wie wohl kein anderer. Kein Zufall, denn die hopfendominierten IPAs demonstrieren schon vor dem ersten Probeschluck ihren gewaltigen qualitativen Vorsprung vor dem, was gemeinhin unter dem Label „Bier“ verkauft wird. Schon das enorm vielfältige und komplexe Bouquet eines typischen IPAs kündet von einem Geschmackserlebnis, wie es die meisten Biertrinker bis dahin nicht kannten. Grasiggrüne Kräuternoten, Zitrusfrüchte oder Exotisches wie Mango oder Passionsfrucht – IPAs bieten eine aromatische Komplexität, wie man sie sonst eigentlich nur bei großen Weinen findet. Eine fast verstörend üppige Aromen-Vielfalt, die sich am Gaumen fortsetzt. Dort gesellt sich zu den Frucht-Aromen zumeist eine ungewohnt intensive Bitterkeit – in Zeiten, in denen Radicchio, Chicorée und Spargel in neuen Züchtungen systematisch die Bitterkeit ausgetrieben wird, speziell für Novizen durchaus gewöhnungsbedürftig.

Um die Entstehung des imposanten Bierstils ranken sich Legenden. Zu Zeiten der britischen Kolonialherrschaft in Indien sei er entstanden, so wird kolportiert. Und der leicht erhöhte Alkoholgehalt und die überdurchschnittlich kräftige Hopfung seien ursprünglich Maßnahmen gewesen, um das Bier für den langen Seeweg von England nach Indien mikrobiologisch stabil zu machen. Gewissermaßen ein Bierkonzentrat, gebraut mit dem Plan, es am Zielort wieder auf normale Trinkstärke herunter zu verdünnen. Doch das geschmacksintensivere Bier habe dort auch unverdünnt großen Gefallen gefunden – so sei das IPA geboren worden. So schön und nachvollziehbar speziell die Pointe dieser Geschichte auch klingt – historisch belegt ist sie nicht. Klar ist allerdings, dass die Praxis des Hofpenstopfens, also der Hopfengabe nach Abschluss des eigentlichen Brauprozesses, eng mit den ursprünglichen IPAs verbunden ist und sicher auch der Haltbarmachung für die Seepassage diente.

In Verbindung mit neuen, aromaintensiven Hopfen-Züchtungen wie dem Cascade wurde diese Technik Anfang der 1980er Jahre in den USA wiederentdeckt. Das „Christmas Ale“ der Anchor Brewery in San Francisco machte 1975 den Anfang,

1980 kam Sierra Nevada mit seinem mittlerweile auch hierzulande recht breit verfügbaren „Pale Ale" auf den Markt. Ein Jahr später schon folgte dann „Celebration", das erste IPA. Die Verwendung dieser neuen Hopfen, die sich durch einen relativ niedrigen Gehalt von Alphasäure (die für das Bittere im Bier sorgt) und einen hohen Anteil an aromenreichen ätherischen Ölen auszeichnen, ist ganz ohne Zweifel einer der zentralen Pfeiler, auf denen die Craft-Bier-Revolution bis heute gründet.

Dass sie ausgerechnet in den USA ihren Anfang nahm, beruht – so paradox das klingen mag – im Kern auf einem Defizit. Denn als unter Präsident Jimmy Carter im Jahr 1979 das Heimbrauen in den USA wieder legalisiert wurde (Alabama und Mississippi behielten das Verbot aus den Zeiten der Prohibition gar bis 2013), gab es in den gesamten USA keine 90 Brauereien mehr. Und die meisten der Verbliebenen brauten Massenware frei von Tiefgang, Qualität oder gar Seele. Zur gleichen Zeit hatten günstige Flugpreise aber immer mehr Amerikaner mit Europa und dessen vielfältiger Bierkultur bekannt gemacht. Das Bewusstsein dafür, dass etwas fehlte, war geweckt. Die Folge: Brauen als Selbsthilfe und eine Vielzahl von Brauereigründungen. Bis Mitte der 90er Jahre war ihre Zahl wieder auf über 500 angewachsen, heute sind es über 3500.

Längst werden nicht nur Pale Ale und IPA gebraut. Neben den ebenfalls aus dem angelsächsischen Raum stammenden obergärigen Stout und Porter bedienen sich die Amerikaner frei von Konventionen, wo immer es ihnen lohnend erscheint: bei belgischen Bierstilen wie Abtei- oder Witbier ebenso wie beim urdeutschen Hellen oder Kölsch. Der letzte große Trend drüben: Sauerbiere. Ein Ende des Craft-Bier-Booms ist dort jedenfalls nicht abzusehen. Craft-Bier macht inzwischen rund 11% des in den USA gebrauten Biervolumens aus und generiert gar stolze 22% des Gesamtumsatzes.

Es entbehrt nicht einer gewissen Ironie, dass ausgerechnet die USA, Hort vermeintlicher Bier-Unkultur, zum Bewahrer und Erneuerer der Brautradition geworden sind. Inspiriert vom Geschehen dort ist der Trend längst auch über den Atlantik geschwappt. Auch, wenn wir von Zahlen wie in den USA vorerst nur träumen können, schießen in Europa die Klein- und Kleinstbrauerei-Neugründungen wie Pilze aus dem Boden. Und längst beschränkt sich die hiesige Craft-Szene nicht mehr nur auf das Kopieren ihrer amerikanischen Vorbilder. Auch hier haben sich Brauer auf den Weg gemacht, um Altes wiederzuentdecken, zu bewahren, oder – inspiriert von der undogmatischen Experimentierfreude drüben – durch kreative Experimente modern zu interpretieren. Das alles weit abseits des von vielen in dieser Szene als jeden Fortschritt verhinderndes Korsett empfundenen Reinheitsgebots.

BITTER SWEET SYMPHONY

„Gut gehopfte Biere schneiden wie ein Messer durch schwere Soßen, Fett und Öle. Sie hinterlassen den Gaumen gereinigt und erfrischt, anstatt ihn zu betäuben."

GARRET OLIVER/BROOKLYN BREWERY

Im Jahr 2010 machte zum ersten Mal ein Bier die Runde, das in Gourmet-Kreisen auf besondere Aufmerksamkeit stieß: Es hieß „Inedit", stammte vom spanischen Braukonzern Estrella Damm und war im Stile eines belgischen Witbiers gebraut. Der Grund für das große Interesse: Die Braurezeptur wurde in Zusammenarbeit mit Ferran Adrià, dem großen Innovator der Kulinarik der letzten drei Jahrzehnte, entwickelt. Und zwar, um ein Bier zu schaffen, das, so die Eigenwerbung, geeignet ist, Gerichte aus der Gourmetküche zu begleiten. Ob man diesem hohen Anspruch mit einem einzigen Bier überhaupt genügen kann, darf mit Recht bezweifelt werden. Das erste Bier, das die große Gourmet-Bühne betreten hat, bleibt „Inedit" allemal.

Seitdem ist eine Menge passiert. Das dänische Craft-Bier-Urgestein Mikkeler hat zusammen mit einem Kopenhagener Spitzenrestaurant die den fünf Grundgeschmäckern (sauer, süß, salzig, bitter und „umami") gewidmete MAD-Serie von fünf Bieren auf den Markt gebracht und zuletzt in Zusammenarbeit mit der belgischen Brauerei Lindemans das „Spontanbasil" – eine mit Basilikum vergorene Geuze, zu der sich Foodpairings aufdrängen wie zu kaum einem Bier sonst. Weltweit entdecken Spitzenköche das Thema als willkommene Bereicherung in ihren Restaurants. *„Ich glaube nicht, dass Bier den Wein ersetzen wird,"* sagt René Redzepi, Koch des mehrfach als bestes Restaurant der Welt ausgezeichneten NOMA in Kopenhagen, *„aber ich glaube, dass es in Zukunft deutlich präsenter sein wird!"*

Und wie funktioniert das mit dem Pairing? Fangen wir mit der wichtigsten Regel überhaupt an: Es gibt keine Regeln. Wenigstens keine allgemein gültigen. Welche Kombination immer auch einem Individuum schmecken und gefallen mag, für ihn/sie ist sie in diesem Moment gut und richtig. Und so sind denn auch die Anmerkungen zu Bierstilen und die besonderen Empfehlungen im folgenden Rezeptteil zu verstehen: als Ermutigung und Anregung für eigene Streifzüge und Erkundungen.

Doch natürlich gibt es ein paar Grundsätze, die bei der erfolgreichen Kombination von Speisen mit Bier hilfreich sind: Eine gelungene *Balance* ist die Basis eines jeden guten Foodpairings. Es scheint eine Binsenweisheit – und doch ist es wichtig, sich immer wieder klar zu machen, dass sich Getränk und Speise von ihrer geschmacklichen Intensität her idealerweise die Waage halten sollten. Ein schweres Imperial Stout beispielsweise wird die feinen Aromen einer Flussfisch-Terrine ebenso erschlagen wie umgekehrt ein gereifter Munster die Leichtigkeit einer dezent gehopften Weiße.

Ein interessanter *Kontrast* hingegen kann eine Bier-Speise-Kombination hochspannend machen. Wenn zum Beispiel die frische Säure einer Weiße auf die deutliche Süße geschmorter Zwiebeln trifft. Oder die erfrischend herbe Bitterkeit eines klassischen Altbiers auf die fettige Schwere eines Schweinebratens. Oder wenn sich die exotische Frucht eines IPAs mit der kräftigen Schärfe eines Thai-Currys vermählt. Eine gewisse *Spannung* zwischen Teller und Glas ist unabdingbar, um die Kombination aus zwei verschiedenen Elementen am Gaumen zu etwas größerem Gemeinsamen verschmelzen zu lassen.

Als letztes Element erfolgreichen Foodpairings hat sich das Spiel mit aromatischen *Parallelen* bewährt. Viele der Empfehlungen im Rezeptteil unseres Buches arbeiten mit diesem Prinzip. Fruchtaromen vom Aromahopfen – Mango, Mandarine, Zitrus beispielsweise –, die auf dem Teller ihre Entsprechung finden, Räuchernoten von Fisch oder Fleisch, die sich in einem Rauchmalz-Anteil im Bier spiegeln, Schokoladen- oder Kaffeetöne von Stouts, die die Brücke zum Dessert schlagen. Wichtig ist in solchen Fällen stets, dass einerseits eine Analogie eine Aromen-Brücke bildet, andererseits aber auf beiden Seiten genügend Eigenständigkeit vorhanden ist, um eine bloße Doppelung – und damit aromatische Tristesse – zu vermeiden.

Ein Sonderfall ist das Kochen *mit* Bier. Denn im Gegensatz zum beim Kochen von Saucen oder Suppen und als Marinade häufig verwendeten Wein zeichnen sich viele, wenn nicht die meisten, Biere durch eine dezidierte Bitterkeit aus. Beim Pairing ist diese als Kontrapunkt zum Beispiel zu Fett durchaus erwünscht, im Kochtopf und auf dem Teller jedoch kann sie schnell stören. Insbesondere wenn sie durch das bei Saucen übliche Einreduzieren noch verstärkt wurde. Gleiches, wenn auch nicht in so starkem Ausmaß, gilt für die in manchen Bieren vorhandene Restsüße oder Röststoffnoten.

Als Faustregel lässt sich sagen: Überall dort, wo wie beim Wein mit Reduktion – also dem starken Eindampfen der Flüssigkeit im Topf – gearbeitet wird, sollte man mit stark gehopften Bieren vorsichtig sein. Plakativ gesagt: Je stärker die Reduktion, desto geringer die Hopfung des Bieres. Wo Bier dagegen nur in geringen Mengen eingesetzt wird – vergleichbar dem Schuss Cognac oder Whisky in einer Pfeffer-Sahne-Sauce – kann die ausgeprägte Hopfen-Bitterkeit beispielsweise eines IPAs Gerichten eine hochinteressante aromatische Tiefe verleihen.

Ein zweiter wichtiger Unterschied zum Wein ist, dass vielen Bieren die bei Wein vorhandene und als erfrischendes Element hochwillkommene Säure fehlt. Mit einem einfachen Austausch Bier gegen Wein ist es deswegen bei den meisten Rezepten nicht getan. Doch es gibt eine Gruppe von Bieren, mit denen man diese Probleme nicht hat. Es sind die – nomen est omen – Sauerbiere. Es ist deshalb alles andere als ein Zufall, dass Jean van Roy, Inhaber der Brüsseler Sauerbier-Referenz Cantillon, meint, kein anderes Bier sei zum Kochen so geeignet wie Lambik und Geuze. Nicht nur die Säure kommt ihrer Verwendung im Kochtopf entgegen, sondern auch die durch die lange Fassreifung bedingte geringe Bitterkeit.

Zum Abschluss sei noch einmal betont: Umstößliche Regeln aufzustellen ist unsere Sache nicht. Deshalb möchte dieses Buch vor allem eines: dazu anstiften, dem eigenen Geschmack zu vertrauen und sich auf Entdeckungstour in die extrem vielfältige und abwechslungsreiche Welt der Biere zu begeben.

FERAL
TOP HOG

IPA-GLAS

Perfekt für IPAs, Ales und hopfengestopfte Lager.

BIERTULPE

Für Pilsener, bei allem anderen ein guter Kompromiss.

STOUT-GLAS

Für röststoffbetonte Stile wie Stout, Porter, dunkles Bock.

AMERICAN-WHEAT/ WIT-GLAS

Für aromatische Weizenbiere, aber auch Gosen/Sours.

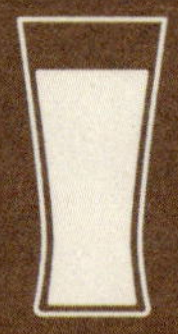

LAGER-GLAS

Für helle und bernsteinfarbene Lager.

BALLON-GLAS

Für Fruchtbetontes, Weinhybriden.

ALT-GLAS

In Düsseldorf obligatorisch für Alt und Sticke.

FLASCHE

Nur bei großem Durst und anderen Notfällen.

WEIZENGLAS

Für Kristall- und Hefe-Weizen. „Unten“ anstoßen.

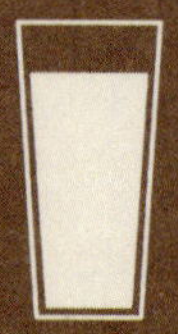

PINT

Für britische Biere. Glasform und Mengenangabe zugleich.

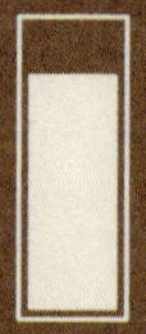

KÖLSCH-STANGE

Für Kölsch obligatorisch. Auch als „Reagenzglas“ verspottet.

TEKU-POKAL

Weit verbreitetes Universalglas für Verkostungen.

BIERKULTUR UND GLASKULTUR

„Fantastisch, wie sich ein geschliffener Glasrand auf den Biergenuss auswirkt. Der Geschmack wird aromatischer, die Textur cremiger. Das ist das Aus für den Rollrand, wie wir ihn an herkömmlichen Gläsern kennen."

SYLVIA KOPP/BERLIN BEER ACADEMY

Es ist nicht leicht, Sylvia Kopp, Biersommelière und frisch von der Brewers Association ernannte Botschafterin für amerikanisches Craft-Bier, euphorisch zu stimmen. Aber am Tag nach einem Tasting bei Heidenpeters in der Berliner Markhalle 9 mit verschiedenen Biergläsern macht sie keinen Hehl daraus, wie sehr sie der direkte Vergleich zwischen konventionellen und den eigens für unterschiedliche Bierstile entwickelten Tasting-Gläsern beeindruckt hat.

Eingeladen dazu hatte Spiegelau, ein Glasproduzent, der in Zusammenarbeit mit führenden amerikanischen Craft-Bier-Brauern – darunter Größen wie Ken Grossman von Sierra Nevada – Gläser eigens für unterschiedliche Craft-Bier-Stile entwickelt hat. Denn, was für Weinfreunde seit langem eine Selbstverständlichkeit ist – dass es das eine optimale Glas, das für unterschiedlichste Wein-Stile perfekt geeignet ist – nicht geben kann, lässt sich auch auf die Bierwelt übertragen: Unterschiedliche Bierstile stellen unterschiedliche Ansprüche an die Glasform, jedenfalls dann, wenn man das Optimum an Genuss aus seinem Bier herausholen möchte.

In langen Testreihen, in denen über 150 verschiedene Formen erprobt und die untauglichen immer wieder verworfen wurden, haben sich schließlich für verschiedene Craft-Stile drei verschiedene Glasformen herauskristallisiert. Eine optimiert für den Genuss von IPAs oder Ales, eine für den von Stouts und Portern und eine für den von aromaintensiven Weizenbieren, beispielsweise belgischen Witbieren. Allen Gläsern gemein ist die haptisch angenehm dünne, an gute Weingläser erinnernde Wandstärke. Ebenfalls von besseren Weingläsern bekannt ist der geschliffene Rand, der alle Craft-Bier-Gläser dieser Reihe auszeichnet (genau wie die eher klassisch geformten Gläser der „Beer Classics"-Serie auch). Wie stark sich dieser Rand auf den Biergenuss auswirkt, kann erst nachvollziehen, wer das gleiche Bier aus einem Glas mit und einem ohne Rollrand verkostet hat.

Selbstverständlich kann man Craft-Bier auch genießen, ohne sich eigens dafür drei verschiedene Gläser zuzulegen. Zwei der wichtigsten Erkenntnisse, die die speziellen Craft-Bier-Gläser bieten, kann sich man für den Anfang auch anders zunutze machen: Es gilt, den Rollrand-Wulst am Glasrand und zu dicke Wandstärken zu vermeiden. Deshalb wird, wer beim Craft-Bier zu vielleicht ohnehin schon vorhandenen Weingläsern greift, oft überrascht sein, wieviel mehr an Genuss manche Biere im Vergleich zum Standard-Bierglas bieten – auch wenn Weingläser bei diesem Einsatzzweck nicht an die in Größe und Grundform optimierten Craft-Bier-Gläser heranreichen.

Eines sollte man mit exquisiten Craft-Bier-Spezialitäten nie machen – sie direkt aus der Flasche oder gar Dose trinken. Denn das lässt den vielfältigen und komplexen Aromen, die jedes gute Craft-Bier auszeichnen, nicht die Spur einer Chance, sich zu offenbaren.

PALE ALE

BeerBods

EINLADUNG ZUM TASTING

„Die Anschauung ist das Fundament der Erkenntnis.“

JOHANN HEINRICH PESTALOZZI

Nach so viel Theorie, Geschichte und Wesen des Craft-Biers wird es Zeit, sich der Praxis zuzuwenden. Noch so viele Worte über die Vorzüge von Craft-Bieren können den Eindruck eines einzelnen Probe-Schlucks nicht ersetzen.

Was lange Zeit das größte Hemmnis für die Verbreitung von Craft-Bier war – die Verfügbarkeit –, hat sich in letzter Zeit deutlich verbessert. Kaum eine Woche, in der nicht irgendwo ein neuer, darauf spezialisierter Laden eröffnet, kaum noch ein Getränkehändler, der nicht wenigstens eine kleine Craft-Bier-Ecke eingerichtet hat. Und auch die Anzahl an Versendern hat sich inzwischen erhöht. Viele der Shops im Internet bieten zudem Einsteiger-Pakete an und es wäre höchst erfreulich, wenn sich bald auch hierzulande virtuelle Tasting-Communitys ähnlich den britischen *BeerBods* (www.beerbods.co.uk) etablieren würden, deren Mitglieder – jeder für sich und doch virtuell gemeinsam – auf Basis eines Abos Woche für Woche hochspannende Biere verkosten und sich online intensiv darüber austauschen.

Egal, ob vom Fachhändler vor Ort oder aus dem Internet – für ein möglichst erkenntnisreiches Tasting empfiehlt es sich, mehrere Biere nebeneinander zu probieren. Denn nichts befördert die Wahrnehmung von Unterschieden – und damit die Erkenntnis – so sehr wie die Möglichkeit, direkt miteinander zu vergleichen.

Das Prinzip des direkten Vergleichs zum Zwecke der Erkenntnis kann in vielen Varianten große Freude bereiten. Es ist ungemein spannend, ein sogenanntes „Fernseh-Pils“ (also eine der großen, im TV werbenden Marken) einmal direkt neben einem Spitzen-Pilsener wie dem der Privaten Landbrauerei Schönram zu trinken. Vielleicht ja sogar blind, also ohne zu wissen, welches Bier sich in welchem Glas befindet, so, wie es bei professionellen Weinverkostungen gemacht wird. Oder man vergleicht amerikanische IPAs mit ihren deutschen Epigonen. Oder aus jeweils der gleichen Brauerei die Pale Ales mit ihren kräftigeren Geschwistern, den IPAs. Die Möglichkeiten des Erkenntnisgewinns sind enorm.

Wer hingegen zunächst nach einer allerersten, groben Orientierung im weiten Feld der Craft-Biere sucht, dem seien die drei Typen der im Kapitel zuvor erwähnten Spiegelau-Gläser angeraten. Wer in einer Probe ein IPA, beispielsweise das „Torpedo Extra“ von Sierra Nevada oder das „Punk IPA“ von BrewDog, ein Stout wie das von BRLO oder Schönramer und ein Witbier wie das belgische „Blanche de Namur“ oder Hoegaarden nebeneinander verkostet, hat mit nur drei verschiedenen Bieren ein recht breites Spektrum der Craft-Bier-Welt abgedeckt.

Unabhängig davon, welche Art von Tasting man für sich wählt: Das schiere Vergleichen mag allein zu Hause noch funktionieren. Wirkliche Freude bereitet es nicht. Zu einem gelungenen Tasting gehören Freunde. Weil sie die Menge der Biere, die man verkostet, ebenso erhöhen wie die Menge der Eindrücke und Meinungen. Weil das Verkosten in der Gruppe dazu zwingt, die diffusen Geschmacks-Impressionen so durchzudenken, dass man sie auch *benennen* kann – und erst das sorgt dafür, dass man sich dauerhaft erinnert. Vor allem aber, weil geteilte Begeisterung doppelte Begeisterung ist. Mindestens.

REZEPTE

SPARGELSALAT MIT KATENSCHINKEN AUF GERÖSTETER BUTTER-BRIOCHE*

ZUTATEN
für 2–4 Personen

500 g weißer Spargel aus der Region
1 Schalotte
2 EL ÖL
Salz
ca. 1 EL Weißweinessig
1 EL helles Bier
1 TL Zucker
3 EL Olivenöl plus Olivenöl zum Beträufeln
1–2 Zweige Kerbel
4 Scheiben Brioche-Kastenbrot
4 Scheiben Katenschinken

*

Brioche
(von franz. broyer=kneten) gibt es in Frankreich bereits seit dem 15. Jahrhundert. Die üblicherweise runden, butterweichen Hefegebäckstücke sind mittlerweile beim wohlsortierten Bäcker auch als Kastenbrot erhältlich – dem Toast sehr ähnlich, geschmacklich aber von buttrig-fluffiger Überlegenheit! Wer keine Brioche bekommt, versuche dieses Rezept aber unbedingt auch mit schnödem Toastbrot.

Ein Toast auf die deutsch-französische Freundschaft! Mit geröstetem Brioche, weißem Spargel und Katenschinken.

ZEIT
25 Minuten

ZUBEREITUNG

Spargel mit einem Sparschäler schälen, eventuell angetrocknete Enden abschneiden. Spargel schräg in etwas dickere Scheiben schneiden. Schalotte pellen und fein würfeln.

Öl in einer Pfanne erhitzen, Schalotten und Spargel zugeben und salzen. Unter Rühren bei mittlerer Hitze 3–4 Minuten garen. Der Spargel darf gerne noch etwas Biss haben. Beiseitestellen.

Aus Essig, Bier, Zucker und Olivenöl eine Vinaigrette rühren und mit dem noch warmem Spargel vermengen. Kerbelblättchen fein zupfen und untermengen. Nach Wunsch mit Salz und Essig nachwürzen.

Brioche im Toaster rösten, mit etwas frischem Olivenöl beträufeln und mit dem Salat belegen. Katenschinken aufsetzen und servieren.

BIERSTILE: Pale Ale, IPA, Helles, Pils

DIE BESONDERE EMPFEHLUNG: „Boulevard" von von Freude. Erfreulich leichte 4,3% Alkohol vereinen sich mit fein dosierter Hopfung zu einem eleganten Aromenspiel, das den feinen Geschmack von Spargel und röstigem Brioche dezent stützt.

Spargelsalat mit Katenschinken auf gerösteter Butter-Brioche

Frittierte Fischchen auf Frischkäsebrot

FRITTIERTE FISCHCHEN AUF FRISCHKÄSEBROT

Je nach Marktlage werden für dieses Gericht kleine Sardellen, Sardinen oder Stinte knusprig gebraten und landen auf Vollkornbrot mit Frischkäse und Rosinen-Vinaigrette. Die Kombination aus knusprig, cremig und süß-sauer mit würzig-malzigem Brot schmeckt besonders gut, wenn ein kaltes herbes Bier dazu serviert wird.

ZEIT
25 Minuten

ZUBEREITUNG

Sultaninen in heißem Wasser waschen. Mit 150 ml Bier und 1 EL Honig in einem Topf kochen, bis die Flüssigkeit verdampft ist. Aus 2 EL Bier, 1 EL Honig, Bieressig, Senf und Olivenöl eine Vinaigrette rühren, salzen. Die heißen Sultaninen hineingeben, Vinaigrette beiseitestellen.

Vollkornbrote mit Frischkäse bestreichen.

Ofen auf 80 Grad erwärmen. Fische gründlich in kaltem Wasser abspülen und nass in Roggenmehl wenden. Butter und Sonnenblumenöl in einer großen Pfanne erhitzen und die Fische darin portionsweise bei mittlerer Hitze in 4–6 Minuten rundum goldbraun braten. Auf Küchenpapier abtropfen und mit Salz bestreuen. Fertig gebratene Fische im Ofen warm stellen.

Fische auf den Broten anrichten, mit Vinaigrette beträufeln und pfeffern. Sofort servieren.

BIERSTILE: saure, aber auch hopfenbetonte hellere Biere, Gose, Pils, Kölsch, Lager

DIE BESONDERE EMPFEHLUNG: „Liefmans Goudenband“ aus Belgien, das mit seiner feinen Säure einer- und seiner kräftigen malzig-fruchtigen Aromatik andererseits den Charakter des Gerichts treffend spiegelt. Wer es nicht so alkoholstark möchte, greift zur sauer-salzigen „Ritterguts Gose“ aus Leipzig.

ZUTATEN
für 4–6 Stullen

50 g weiche Sultaninen
150 ml Bier plus 2 EL Bier
2 EL Honig
1 EL Bieressig (alternativ Weißwein- oder Obstessig)
1 TL scharfer Senf
4 EL Olivenöl
Salz
4–6 Scheiben Vollkornbrot
80–100 g cremiger Frischkäse
500 g ausgenommene, küchenfertige kleine Sardellen, Stinte oder Sardinen
80 g Roggenmehl
2 EL Butter
6 EL Sonnenblumenöl
schwarzer Pfeffer aus der Mühle

Coppa-Knusperstreifen mit Birnenschnitzen und Olivenöl

COPPA-KNUSPERSTREIFEN MIT BIRNENSCHNITZEN UND OLIVENÖL

Hauchzart-würziger Coppa drängelt sich mit frischen Birnenschnitzen auf gerösteten Fladenbrotstreifen, gewürzt mit Ihrem besten Olivenöl. Ein eleganter Snack für einen schönen Abend auf dem Balkon.*

ZEIT
15 Minuten

ZUBEREITUNG
Aus Birnensaft, Senf, Essig, Honig und 1 EL Olivenöl eine Vinaigrette rühren. Birne ungeschält in feine Spalten schneiden, Kerngehäuse herausschneiden. Birnenspalten zur Vinaigrette geben.

Fladenbrot längs in 1 cm dicke Streifen schneiden, mit Olivenöl beträufeln. Im Ofen unter dem Grill goldbraun rösten, das geht schnell, bleiben Sie am besten dabei. Die Röstbrote mit Coppa und Birnenschnitzen belegen. Mit extra Olivenöl beträufelt servieren.

BIERSTILE: kräftige, hefebetonte Biere wie belgische Saison, Dubbel oder Tripel, aber auch alkoholstärkere Hefeweizen

DIE BESONDERE EMPFEHLUNG: „Unser Aventinus, Tap 6“ von Schneider Weiße (s. S. 135) oder das leider recht rare „Amber Weizenbock“ vom fränkischen Ausnahmebrauer Andreas Gänstaller, dessen kräftige Fülle eine schöne Liaison mit der Röst- und Fruchtaromatik der Brote eingeht.

ZUTATEN
für 2–4 Personen

3 EL Birnensaft
1 TL Senf
1 TL Obstessig
1 TL Honig
1 EL Olivenöl plus Olivenöl zum Beträufeln
1 grüne Birne
½ Fladenbrot
80–120 g Coppa in dünnen Scheiben

*

Coppa
ist ein italienischer Schinken aus dem Nackenfleisch des Schweins, der in mit Weißwein getränkten Tüchern reift und lagert. Statt Coppa eignen sich für die Röstbrote auch Pancetta, Bündnerfleisch oder Tiroler Speck sowie heimische, milde und luftgetrocknete Schinken.

HOPFENBETONT

INDIA PALE ALE

Kurz auch IPA („Ei-Pi-Äh") genannt. Der meist dunkel bernsteinfarbene Archetyp eines Craft-Biers ist bei Erstkontakt ein Geschmacksschock. Für viele das Erweckungserlebnis in Sachen Craft-Bier. Amerikanische Aromahopfen bestimmen den Geschmack. Mal eher floral-fruchtig, mal kompromisslos kräftig bitter. Immer aber mit beeindruckender Intensität.

URSPRUNG	England
CHARAKTER	floral/fruchtig bis intensiv bitter
GÄRUNG	obergärig
ALKOHOLGEHALT	5,5 bis 8 Vol.-%
TRINKTEMPERATUR	8 bis 11 °C
GLASWAHL	IPA-Glas 
REFERENZBIERE	Sierra Nevada „Torpedo Extra IPA", Riedenburger „Doldensud", BrauKunstKeller „Amarsi", Brauprojekt 777 „Triple 7"
REZEPTE	vom Cheeseburger (s. S. 144) und Rillette (s. S. 182) über Räucherfisch wie Aal oder Forelle (s. S. 73, 88) bis hin zum fruchtigen Mango-Dessert (s. S. 237)
STIL-VARIANTEN	Double, Triple oder Imperial IPA (stärker), Belgian oder German IPA (mit belgischer Hefe bzw. deutschem Hopfen), Black IPA (dunkel) oder Session IPA (weniger Alkohol)

HANDKÄS MIT BLASMUSIK

ZUTATEN
für 4 Personen

4 EL Rotbier
1 EL Honig
1 EL Bieressig (wahlweise Kräuteressig)
3 EL Öl
1 TL Leinöl
einige Blättchen Rauke
400 g Handkäse mit Kümmel
1 Bund Radieschen
1 kleine rote Zwiebel
Salz

HANDKÄS MIT MUSIK nennt sich der Klassiker aus der hessischen Winzerküche, bei dem Handkäse mit Weißwein, Zwiebeln und Essig mariniert wird. Die Brauhaus-Version mit Bier ist deutlich fränkisch-bayerischer Prägung, hat aber ebenfalls das Zeug zum Klassiker.

ZEIT
20 Minuten

ZUBEREITUNG
Aus Bier, Honig, Bieressig, Öl und Leinöl eine Vinaigrette anrühren. Rauke waschen und trocken schleudern.

Handkäse in dünne Scheiben schneiden. Radieschen waschen, putzen und in feine Scheiben schneiden oder hobeln. Rote Zwiebel pellen und in Streifen schneiden.

Alle Zutaten mit der Vinaigrette mischen, Salat leicht salzen. Handkäs, Rauke, Radieschen und Zwiebeln auf Vollkornbrot anrichten.

BIERSTILE: Rotbier, Red Ale, Weizen- oder normaler Bock

DIE BESONDERE EMPFEHLUNG: Schanzenbräu Rotbier aus Nürnberg. Kräftiger als ein Helles hält das Bier der Aromatik von Käse, Marinade und Schwarzbrot stand und ergänzt sie mit seiner feinen Balance zwischen Malzigkeit und Hofpen-Bitterkeit, ohne die Schwere eines Dunklen mitzubringen.

Handkäs mit Blasmusik

Soleier

SOLEIER

Mit Kräutern und Zwiebeln in mildsauren Essiggewürzsud eingelegte Eier galten einst als stärkendes Kneipenessen. Stets stand ein gut gefülltes Glas im sogenannten Hungerturm, einer Vitrine, die auch Schmalzstullen, Essiggurken und Frikadellen beherbergte. Wäre es nicht an der Zeit, diese schöne Tradition wieder aufleben zu lassen?

ZUTATEN
für 12 Eier

12 Eier
Salz
150 ml plus 1 Spritzer Bieressig (alternativ Weißweinessig oder Kräuteressig)
80 g Zucker
2 Lorbeerblätter
1 EL Senfsaat
1 TL Kümmelsaat
2 Zwiebeln
4 Zweige Bohnenkraut
4 Zweige Estragon
24 Pumpernickel-Taler
Butter
Senf

ZEIT

25 Minuten (plus Abkühlzeit)

ZUBEREITUNG

Eier anpieken und in Salzwasser mit einem Spritzer Essig 10–12 Minuten kochen. In kaltem Wasser abkühlen.

1 l Wasser mit Zucker, 50 g Salz, 150 ml Bieressig, Lorbeer, Senfsaat und Kümmel aufkochen. Zwiebeln in feine Streifen schneiden, zugeben und 5 Minuten kochen. Bohnenkraut und Estragon in ganzen Zweigen zugeben, Sud noch einmal aufkochen.

Eier pellen und in heiß gespülte Twist-off-Gläser oder Einmachgläser schichten. Mit dem heißen Sud begießen und verschlossen erkalten lassen.

Eier auf gebutterten, leicht gesalzenen Pumpernickel-Talern mit Senf servieren.

BIERSTILE: stärken und schmecken zu den unterschiedlichsten Bierstilen

DIE BESONDERE EMPFEHLUNG: „IPA – German Style" der Berliner Brauerei Heidenpeters. Was könnte besser zum urdeutschen Bier-Snack Solei passen als ein ausschließlich mit aus Deutschland stammendem Hopfen gebrautes Bier?

FERAL
BREWING COMPANY
www.feralbrewing.com.au

SWAN VALLEY, AUSTRALIEN

FERAL BREWING COMPANY

DIE LANDIDYLLE

Am Westrand von Australien, rund 40 Autominuten von Perth entfernt, befindet sich im malerischen Swan Valley das Stammhaus der meistprämierten Craft-Bier-Brauerei Australiens – der Feral Brewing Company. Ein kleines kulinarisches Juwel im Verborgenen.

Man muss sich Brendan Varis als einen zutiefst glücklichen Menschen vorstellen: Tiefenentspannt und höchst erfolgreich macht er das, was er gerne mag, nämlich Bier, umgeben von Menschen, die eher wie gute Freunde denn wie Mitarbeiter erscheinen. Und das alles in einer Idylle, wie sie das Fernsehen nicht beschaulicher inszenieren könnte. Sein Erfolgsrezept? *„Wir schauen nicht, was die anderen machen, sondern brauen einfach die Biere, die wir selbst am liebsten trinken würden!“*

Geschmack und Neugierde des Gründers und seines Braumeisters sind offensichtlich recht breit gestreut, denn inzwischen zieren über 25 verschiedene Biere das Programm. 16 davon sind im hier Stammhaus *on tap*, also vom Fass, zu verkosten. Die Vielfalt ist Bestandteil des Konzepts: *„Das ist ja sonst so, als würdest du sagen: Hey, ich habe hier tolles Gemüse, es ist alles Brokkoli!“*, grinst Brendan. Trotzdem leistet sich Feral den Luxus, einen großen Teil der Biere nicht in Flaschen zu füllen. Wer die volle Breite seiner grandiosen Biere kennenlernen will, muss sich schon auf ins beschauliche Swan Valley machen.

Das wohl bekannteste Bier gibt es aber auch in der Flasche: das mehrfach preisgekrönte, 2011 und 2012 zum besten Bier Australiens gewählte „Hop Hog“ – ein *american style* IPA. Sowohl während des Brauprozesses als auch zur Reifung wird es kräftig mit amerikanischen Aromasorten gehopft. Zum Repertoire gehören aber auch Starkbiere wie der 10%ige Barley Wine „Razorback“ oder das schokoladig-espressoröstige Russian Imperial Stout „Boris“. Vom mit 50% Weizen- und 50% Gerstenmalz vergorenen Witbier „Feral White“ – stilecht mit belgischer Hefe, Orangenschale und Koriander – behauptet Feral stolz, es sei *„Die beste Verwendung von Weizen seit der Erfindung von geschnittenem Brot!“*

Von allen Bieren ist wohl das „Watermelon Warhead“ jenes, das in seiner Art das Wesen von Brendan und seinen Bieren am perfektesten vereint. Der Name bezieht sich auf ein heiß geliebtes saures Bonbon seiner Kindheit, der Stil spiegelt seine große Leidenschaft für Sauerbiere, die Machart ist – wie alles bei Feral – kreativ und unkonventionell: eine Berliner Weiße, zusammen mit Wassermelonen aus dem Swan-Valley sechs Monate in Chardonnay-Barrique-Fässern gereift. Saure Biere sind ohnehin seine große Leidenschaft. So entstehen Sorten wie das mit lokalen Swan-Valley-Hefen spontanvergorene fassgereifte „Funky Junky" oder das „José Gosé", eine – nomen est omen – mild gesalzene Gose.

Überhaupt: Namen. Der Name der Brauerei selbst – *feral* bedeutet so viel wie „wild" oder „verwildert" – gibt, genau wie das Wildschwein als Wappentier, die Richtung vor. Ungezügelt, freigeistig und wild ist man hier. Die Biere heißen „Karma Chameleon" oder „Barrique OKarma" (beides black IPAs) und spiegeln das im Westen vorherrschende Lebensgefühl: ausgesprochen *laid back*. Bester Beweis: Qualitätsprüfung und Namensfindung für neue Feral-Kreationen. Die erfolgen in der Regel am Freitagnachmittag: Brendan und sein kongenialer Braumeister und Freund Will Irving versetzen sich mit Hilfe einiger Pitcher in jene beschwingt-kreative Stimmung, die zur Findung des angemessenen Namens notwendig scheint. In den Verkauf gelangen die neuen Biere dann nur, wenn sie auch den *Vier-Pitcher-Test* bestanden haben: *„Wenn wir nach vier Pitchern immer noch Lust auf einen weiteren haben, gehen wir davon aus, dass unsere Biere die richtige Balance haben!"*, sagt Brendan grinsend.

Die Kreativität der Braurezepturen steht dabei der der Namen in nichts nach. *„Ich bin ein großer Freund der These, dass Brauen zu 50% auf Wissenschaft und zu 50% auf Kunst beruht …"*, meint er, *„… und ich denke, wir bei Feral treffen diesen Punkt ziemlich präzise!"* Biere wie das bernsteinfarbene „Nan's Driving" („Oma fährt"), ein mit Earl Grey gewürztes Amber Ale mit wenig Alkohol, zeugen von überbordender Experimentierfreude ebenso wie von einer guten Portion Humor.

Was bei Feral neben unglaublich entspannter Atmosphäre sofort auffällt, ist der hohe Wert, den man im Swan Valley auf die Qualität des Essens legt. Denn das Stammhaus von Feral Brewing ist nicht nur eine Brauerei – es ist ein kulinarisches Gesamtkunstwerk. Restaurantbetrieb und Anbau diverser Kräuter und Gemüse sind nicht wegzudenkender Bestandteil der *Feral-Experience.* Essen ist hier weit mehr als bloß notwendiges Beiwerk, um die Mägen der Bierfreunde alkoholresistent auszukleiden. Gekocht wird *mit* und *zum* Bier. Wie beispielsweise bei den Rinder-Rippchen oder dem in Bier geschmorten Kaninchen. Oder bei der vermeintlichen einfachen Kombination einer hervorragenden spanischen Chorizo mit dem Feral-IPA „Hop Hog": *„Die Schärfe der Chorizo dämpft die Bitterkeit und bringt die Fruchtaromen des Hopfens umso mehr zum Vorschein!"*, meint Brendan. Dieses Pairing hebt beides – Essen und Getränk – noch einmal auf eine neue, fast beseelt zu nennende Stufe.

„Die ersten Jahre haben wir unser Geld vor allem mit der Bewirtung verdient!", berichtet er und erzählt, dass die Brauerei erst seit rund drei Jahren vom Brauen allein leben könne. Das allerdings immer besser. Immerhin 10% macht der Craft-Bier-Anteil inzwischen am Gesamtbiermarkt Australiens aus. Fast amerikanische Verhältnisse – und Zahlen, von denen die deutschen Freunde gehobener Braukultur zur Zeit nur träumen können. In Westaustralien dagegen teilt man sich ob des großen Erfolgs seit geraumer Zeit eine nagelneue 50-hl-Brauanlage mit den Craft-Bier-Kollegen von *Nailbrewing* und baut darüber hinaus zur Zeit an einem Lager für fassgereifte Biere, das 800 Fässern mit jeweils 400 Liter Volumen Raum geben wird. Das alte, kleine Sudwerk im pittoresken Stammhaus auf dem Land kommt aber auch immer noch regelmäßig zum Einsatz: für die *funky brews*, wie Brendan das nennt, Stark- und Sauerbiere, oder für die nächsten verwegenen Experimente, die hier im Zeichen des Wildschweins entstehen.

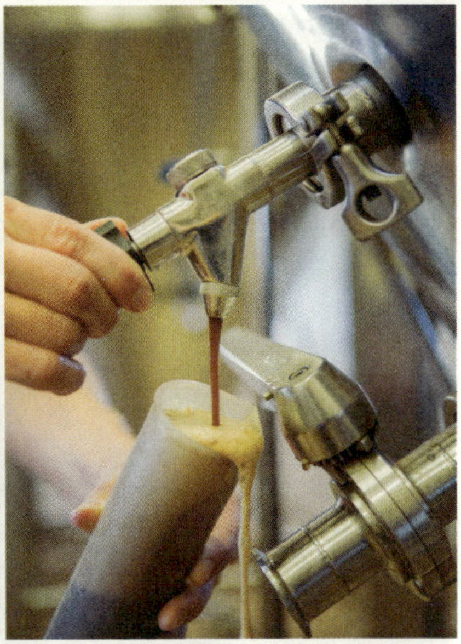

WENN WIR NACH VIER PITCHERN IMMER NOCH LUST AUF EINEN WEITEREN HABEN, GEHEN WIR DAVON AUS, DASS UNSERE BIERE DIE RICHTIGE BALANCE HABEN.

#feralbrewhouse
TUSK

FERAL
PALE ALE
HOP HOG

BREWPUB SERIES
KNUCKLES
COFFEE IPA

BREWPUB SERIES
WATERMELON WARHEAD
BERLINER WEISSE

BREWPUB SERIES
DRINK FRESH
TUSK
20TH MARCH 15
IIPA
9.8%

SPASS HABEN – DAS IST'S, WORUM ES BEIM CRAFT-BIER-BRAUEN ZUERST EINMAL GEHT.

SPROTTEN AUF BLINIS MIT ROTE-BEETE-SALAT UND FORELLENKAVIAR

ZUTATEN
für 18 kleine Blinis

Für den Rote-Beete-Salat:
150 g gekochte Rote Beete
1 Schalotte
1–2 TL Weißweinessig (alternativ Kräuteressig oder Apfelessig)
1 TL Kümmelöl (alternativ Nussöl)
1 TL Olivenöl
Salz

Für die Blinis:
2 Eier
250 ml Bier
175 g Mehl (Type 405)
175 g Buchweizenmehl
Salz
Öl zum Braten

Dazu:
150 g Schmand
18 Kieler Sprotten
50 g roter Forellenkaviar

*

Kieler Sprotten
heißen die kleinen, über Buchenholz geräucherten Heringe aus der Nord- und Ostsee, die traditionell in kleinen Holzkästchen verkauft werden. Echte Seemänner verzehren die goldglänzenden Fischchen komplett, mit Kopf und Schwanz. Für Landratten gilt: Die zartknuspernde Mittelgräte sollte auf jeden Fall mitgegessen werden.

Heiß und fluffig kommen die Buchweizen-Blinis auf die Teller, mit Räucherfisch, kühlem Schmand, Forellenkaviar und Roter Beete. Und wenn man beim Kauen genussvoll die Augen schließt, kann man das Baltische Meer rauschen hören.

ZEIT
ca. 90 Minuten

ZUBEREITUNG

Für den Rote-Beete-Salat: Rote Beete fein würfeln. Schalotte pellen und fein würfeln. Alles mit Essig und Öl zu einem Salat vermengen. Mit Salz würzen.

Für die Blinis: Eier trennen, Eigelb mit Bier verrühren. Mit den gesiebten Mehlen zu einem glatten Teig verrühren. 10 Minuten quellen lassen. Eiweiß mit einer Prise Salz in einer Rührschüssel mit den Quirlen des Handrührgerätes steif schlagen und unter den Teig heben. Teig leicht salzen.

Ofen auf 80 Grad erhitzen, eine ofenfeste Servierplatte hineinstellen. 2–3 EL Öl in einer großen beschichteten Pfanne erhitzen. Je 1–2 Esslöffel der Masse nebeneinander ins Öl geben und 2 Minuten bei mittlerer Hitze backen. Puffer wenden und nochmals 2 Minuten goldbraun backen. Fertige Puffer kurz auf Küchenpapier abfetten, im Ofen warm halten. Auf diese Weise Puffer backen, bis der Teig verbraucht ist.

Blinis mit Schmand, Roter Beete, Sprotten und Forellenkaviar anrichten und sofort servieren.

TIPP: Dieses Gericht schmeckt auch mit jeder anderen Art von Räucherfisch.

BIERSTILE: Kräftig röstmalzige Biere wie Schwarzbier, Stout und Porter. Alternativ nicht-fruchtige Sauerbiere.

DIE BESONDERE EMPFEHLUNG: „Viking-Gose" von The Monarchy, eingebraut mit einem deutlichen Schuss Rauchmalz. Salz, Säure und Rauch bilden einen Bieraromen-Akkord, der perfekt zu den Sprotten passt.

Sprotten auf Blinis mit Rote-Beete-Salat und Forellenkaviar

BIER-PIZZA MIT SAUERKRAUT, ROMADUR UND MAJORAN-SAHNE

ZUTATEN
für 4–6 Personen

Für den Teig:
500 g Mehl (Typ 405)
125 g dunkles Weizenbier
Salz
5 g frische Hefe
Mehl (Typ 405) zum Verarbeiten des Teiges

Für den Belag:
1 kleine Dose Sauerkraut (285 g EW)
Olivenöl
1 TL Zucker
Salz
50 g Frischkäse
100 g saure Sahne
½ TL Kümmelsaat
2 Zweige Majoran
300 g Romadur*
Pfeffer
2 Frühlingszwiebeln

*

Romadur
ist ein würziger Rotschmier-Weichkäse, der ursprünglich aus Belgien stammt, mittlerweile aber u.a. auch im Allgäu hergestellt wird. Ebenfalls geeignete und über zwei bis drei Ecken verwandte Käse sind Limburger, Münster-Käse, Taleggio und Reblochon.

Schon der gereifte Teig selbst wird mit Bier zubereitet. Die würzige Pizza mit Frühlingszwiebeln, Sauerkraut und Käse schmeckt auch am allerbesten: zu Bier!

ZEIT
45 Minuten (+ 24 Stunden Ruhezeit für den Teig)

ZUBEREITUNG
Für den Teig: 300 g Mehl mit 200 g kaltem Wasser und Bier, 20 g Salz und der fein zerbröselten Hefe zu einem zähflüssigen Teig verrühren. Diesen Vorteig 20 Minuten zugedeckt ruhen lassen.

Mit dem Knethaken in der Küchenmaschine 3 Minuten rühren. Nach und nach die restlichen 200 g Mehl unterkneten. Weitere 2 Minuten kneten. Den weichen Teig zugedeckt 20 Minuten ruhen lassen.

Auf ein bemehltes Brett fließen lassen, mit Mehl bestäuben und mit bemehlten Händen zu einem Ball verkneten. Halbieren, in 2 verschließbaren Frischebehältern im Kühlschrank 24 Stunden reifen lassen.

Für den Belag: Sauerkraut trocken ausdrücken und mit 1 EL Olivenöl, Zucker und etwas Salz verkneten. Frischkäse mit saurer Sahne glatt rühren, salzen. Kümmel leicht andrücken oder grob hacken. Majoran-Blättchen abzupfen und mit dem Kümmel unter die Frischkäsecreme ziehen. Romadur in möglichst dünne Scheiben schneiden.

Herd so heiß wie möglich vorheizen. Gereiften Teig auf einer bemehlten Arbeitsfläche mit bemehlten Fingern von innen nach außen zu 4–6 Fladen mit höherem Rand formen. Über die bemehlten Fäuste in Pizza-Größe ziehen, auf bemehlte Bleche legen.

Mit Frischkäsecreme bestreichen, Sauerkraut und Romadur darauf verteilen. Mit Pfeffer würzen, mit etwas Olivenöl beträufeln. Im heißen Ofen bei 220–250 Grad auf der ersten Stufe von unten 12–15 (220 Grad) bzw. 8–12 (250 Grad) Minuten kross backen. Frühlingszwiebeln schräg in feine Scheiben schneiden und die Pizzen vor dem Servieren damit bestreuen.

BIERSTILE: hopfenbetonte helle Biere wie Pils oder Kölsch

DIE BESONDERE EMPFEHLUNG: Hellers „Wieß“, eine ungefilterte, naturtrübe Variante des Kölsch, die durch die im Bier verbliebene Hefe am Gaumen fülliger und vollmundiger bleibt und so besonders gut mit der rustikal-kräftigen Pizza harmoniert.

Bier-Pizza mit Sauerkraut, Romadur und Majoran-Sahne

ICH HABE ERST IN BELGIEN ECHTE HOPFENVIELFALT KENNENGELERNT

PETTING, BAYERN

PRIVATE LANDBRAUEREI SCHÖNRAM

DER HOFPENVIRTUOSE

Mitten in Oberbayern, kurz vor der Grenze zu Österreich, liegt Schönram. Ein nur acht Kilometer von den Alpen entferntes Idyll. Mit einer Brauerei, in der ein Bier gebraut wird, das 2014 zum besten Pils der Welt gekürt wurde – und zwar von einem gebürtigen Amerikaner.

Eine urbayrisch klingende Stimme mit tiefem, sonorem Bass – wer zum ersten Mal mit Eric Toft spricht, kommt nicht darauf, dass es sich beim Braumeister der kleinen, aber feinen Brauerei in Petting nicht um einen Einheimischen handelt. Wenigstens für Nichtbayern klingt Toft absolut authentisch – inklusive spezifisch bayrischer Vokabeln wie „kraxeln", wenn die Rede auf die nicht weit entfernten Berge kommt.

Tatsächlich aber ist der 1. Braumeister der Schönramer Brauerei gebürtiger Amerikaner – ursprünglich nach Bayern gekommen, um in Weihenstephan das Brauen zu erlernen und dann wieder in seine Heimat zurückzukehren. Stattdessen ist er in Bayern hängengeblieben und dort seitdem – von wenigen Jahren in Belgien abgesehen – zuhause. Perfekt assimiliert bis hin zum Trachtenjanker. Dass ausgerechnet Bayern seine Heimat geworden ist, sei kein Zufall, meint Toft. *„Ich habe die Mentalität der Berge"*, meint er lächelnd und verweist auf seine Herkunft aus Wyoming, dem, wie er sagt, *„Bayern von Amerika"*.

Was neben der Mentalität sicher auch eine Rolle gespielt hat: die Nähe zu den Anbaugebieten des Biergrundstoffs, mit dem Toft so fein und differenziert umzugehen versteht, wie nur wenig Andere hierzulande: dem Hopfen. Zum Beispiel beim mehrfach prämierten und zuletzt beim World Beer Cup 2014 zum weltweit besten seines Stils prämierten Pils. *„Wir verwenden dafür ausschließlich Aromahopfen"*, verrät Toft. Die empfundene Bitterkeit sei so deutlich schwächer als bei Industriepilsenern – obwohl deren tatsächliches Niveau analytisch gleichauf sei. Die große sonstige Aromenfülle seiner Hopfen kleidet die Bitterkeit gebende Alphasäure gleichsam in einen weichen Mantel – das Bittere bleibt zwar präsent, wirkt aber in der Wahrnehmung deutlich milder. Späte Hopfengaben und die hochvergorene, trockene Art des Bieres tun ihr Übriges, um für ein bemerkenswert süffiges, ausgewogenes Bier von großer aromatischer Tiefe zu sorgen.

Wenn man mit Toft über Hopfen und seine Bedeutung für die Schönramer Biere spricht, merkt man sofort, mit welcher Intensität er sich diesem Thema widmet. *„Eine Leidenschaft von mir ist das Terroir"*, erzählt er – und verwendet damit einen Begriff, der eigentlich mehr in der Weinwelt zuhause ist. Terroir, das ist dort die identitätsstiftende Herkunft eines Weins. Aber warum sollten Bodenstruktur und -beschaffenheit, Mikroklima und Anbaumethoden nicht auch in der Welt des Hopfens ähnlich deutliche Spuren wie beim Wein hinterlassen?

Möglicherweise ist ja Tofts ursprüngliches Studium der Geologie und Geophysik ein Grund für die starke Bedeutung, die er der Herkunft beimisst. *„Ich weiß genau, wo mein Hopfen wächst!“*, sagt er und berichtet, dass er auch heute noch jedes Jahr zu den Hopfenbauern fahre, mit denen er zusammenarbeite, um dort nach der Ernte die Partien auszuwählen, die für die Brauerei in Frage kämen. Jeden Hopfengarten einzeln und selbstverständlich „blind“, also ohne zu wissen, woher die jeweilig geprüfte Partie stamme. *„Trotzdem selektiere ich in 90% die gleiche Lage – was klar für Terroir auch beim Hopfen spricht!“*, erzählt er nicht ohne einen gewissen Stolz im Unterton.

Die Sorgfalt, die er diesem Thema widmet, ist auch eine Reaktion auf veränderte Marktbedingungen. Denn der weltweite Craft-Bier-Boom und die dadurch drastisch gestiegene Nachfrage nach Aromahopfen zeigen in Deutschland inzwischen unschöne Nebenwirkungen: *„Vor sechs Jahren haben wir für unserer Pale Ale und IPA noch guten Hopfen aus den USA bekommen, heute kriegt man von dort nur noch sechste, siebte Wahl“*, klagt Toft. Die folgerichtige Konsequenz: eine strikte Hinwendung zu Hopfen aus Deutschland – auch bei den Spezialbieren.

Seine Lieblingssorten sind regionale Klassiker wie Hallertauer, Hersbrucker oder Tettnanger. Und das, obwohl seine Liebe zum Hanfgewächs Hopfen an einem ganz anderen Ort entfacht wurde. Während seines Studiums in Weihenstephan habe die Qualität der verwendeten Rohstoffe so gut wie keine Rolle gespielt, *„dort ging es immer nur um Effizienz“* erzählt er. *„Ich bin in Belgien zum Hopfenfetischisten mutiert“* – man kann der Begeisterung, mit der Toft vom Hopfen- und Hefeeinsatz dort erzählt, deutlich anmerken, wie sehr ihn diese Zeit geprägt hat.

Es liegt nahe, jemanden, der durch ein rund zweijähriges Intermezzo in Belgien auch mit dem deutlich lockereren und freieren Verständnis vom Brauen außerhalb Deutschlands nähere Bekanntschaft gemacht hat, auf das deutsche Reinheitsgebot anzusprechen. Doch das in Craft-Bier-Kreisen sonst oft vielgescholtene Verdikt ist für ihn eher Anreiz als Einschränkung. Beispielsweise beim Versuch, ein dem Reinheitsgebot konformes „echtes“ belgisches Triple zu brauen. Eigentlich unmöglich, denn für diesen Stil ist eine Zuckerzugabe obligatorisch – die ist in Deutschland aber verboten. *„So etwas spornt die Kreativität an“*, meint Toft.

Seit fünf Jahren braut Schönramer nun neben bayrischen Traditionsstilen wie Weizen, Helles, Pils und dem bemerkenswert süffigen „Saphir-Bock“ – er wurde ursprünglich von einem belgischen Triple inspiriert – auch Innovatives aus der Craft-Bier-Ecke. Ale, IPA und Imperial Stout stehen auf der Liste, dazu ein feines Quartett von in Holzfässern unterschiedlicher Herkunft – Sherry, Single Malt, Port, Bourbon – gereifter Stouts. Saisonales Highlight ist das mit frischem, ungetrocknetem Hopfen gebraute „Grünhopfen Pils“. Allesamt ebenfalls ausschließlich mit deutschem Hopfen gebraut. *„Ich wollte mit diesen Bieren zeigen, was auch im Rahmen des Reinheitsgebots möglich ist“*, sagt Toft. Der Erfolgt gibt ihm recht: Als wir zu Besuch sind, wird gerade ein neuer, großer Lagertank installiert – stählernes Zeugnis des großen Erfolgs, dessen sich Schönramer auch in der Craft-Bier-Szene erfreut.

Die Bedienung
des Aufzuges
istnurdemBrau
er Kellnerge=
stattet.

Müller

OHNE GESCHEITE ROHSTOFFE KANN ICH KEIN GESCHEITES BIER MACHEN.

15
16

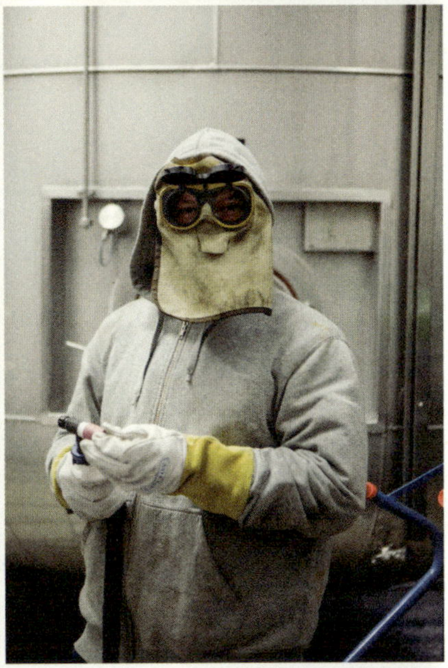

Western-Frühstück

BACON JAM

Speck ist eine würzige Allzweckwaffe in der Küche und weiß sogar als „Marmelade" zu begeistern – und die passt wirklich zu allem: auf Burger und Pizza, in Pasta-Gerichte, zu Pellkartoffeln, in Eintöpfe und Saucen. Oder gleich zum Western-Frühstück: auf English Muffins, mit Spiegelei und Gewürzgurkensalat.

ZUTATEN
für ca. 600 ml Bacon Jam

Für die Bacon Jam:
500 g durchwachsener Speck ohne Knorpel
500 g Zwiebeln
1–2 Knoblauchzehen
1 Msp. geräuchertes Paprikapulver
200 ml dunkles Bier
3 EL Zuckerrübensirup
1 EL Balsamessig (Aceto Balsamico)

Für das Western-Frühstück:
1 Schalotte
2 Zweige Dill
60 g dänische Gewürzgurken in Scheiben (wahlweise Gewürzgurken)
1–2 EL Gurkenwasser
2 EL Olivenöl
4 English Muffins (aka Toastbrötchen oder Toasties)*
4 Eier
1 EL Butter
Salz
4 EL Bacon Jam

ZEIT
25 Minuten

ZUBEREITUNG

Für die Bacon Jam: Speck fein würfeln, Zwiebeln pellen und ebenfalls fein würfeln. Speck in einer großen Pfanne unter Rühren auslassen und im eigenen Fett goldbraun rösten. Zwiebeln zugeben und unter Rühren goldbraun braten. Knoblauch pellen und mit dem Paprikapulver unterrühren. Mit Bier ablöschen und aufkochen, mit Zuckerrübensirup und Balsamessig würzen. Offen in 6–8 Minuten dicklich einkochen. Sofort verwenden oder heiß in Twist-off-Gläser füllen, verschließen und erkalten lassen oder erkalten lassen und einfrieren. Im Kühlschrank hält die Bacon Jam in Twist-off-Gläsern bis zu 4 Wochen.

Für das Western-Frühstück: Schalotte fein würfeln, Dill fein hacken und alles mit den abgetropften Gurkenscheiben mischen. 1–2 EL Gurkenwasser und Olivenöl untermischen. Auf Teller verteilen.

Toasties toasten, Eier in einer Pfanne bei milder Hitze in der Butter zu Spiegeleiern braten. Salzen. Toasties mit Bacon Jam bestreichen und dazu servieren.

BIERSTILE: kräftige röstaromatische Biere wie Porter, Stout und Imperial Stout oder alkoholstarke IPAs, Rauchbiere

DIE BESONDERE EMPFEHLUNG: „Aecht Schlenkerla Eiche" – die kräftigen Raucharomen der historischen Bamberger Spezialität kommen auch gegen die Phalanx aus Speck, Zwiebeln und Räucherpaprika an.

*

Irgendwo zwischen Toast und Brötchen liegen **English Muffins**, *die in deutschen Supermärkten unter den Namen Toastbrötchen oder Toasties zu finden sind. Sie schmecken warm und kalt, werden in England gerne mittig halbiert, getoastet und wie Frühstücksbrötchen verwendet. Sie lieben Butter und Marmelade, Käse, Schinken, Wurst – und natürlich: Bacon Jam!*

Senf-Nierchen mit Blattspinat auf Toast

SENF-NIERCHEN MIT BLATTSPINAT AUF TOAST

Dass Tiere nicht nur aus Filet bestehen, dürfte sich langsam herumgesprochen haben. Dass aber die Innereienküche mit ganz neuen Geschmäckern und Aromen zu glänzen weiß, hat sich noch nicht so richtig herumgesprochen. Für neugierige Einsteiger und Genießer empfiehlt sich das folgende Rezept.

ZEIT
30 Minuten

ZUBEREITUNG

Nieren stückig putzen, Fett und Sehnen entfernen, größere Nierenstücke halbieren. Zwiebel und Knoblauch schälen und fein würfeln. Öl in einer beschichteten Pfanne erhitzen, Nieren darin bei mittlerer Hitze 3 Minuten braten.

Die Hälfte der Zwiebel- und Knoblauchwürfel zugeben und weitere 2 Minuten braten. Zucker einstreuen. Mit Bier ablöschen und 1 Minute offen einkochen. Brühe zugießen und aufkochen. 2–3 Minuten dicklich einkochen. Senf und 20 g Butter unterrühren. Mit Salz und Balsamessig würzen und warm stellen.

Spinatsalat in lauwarmem Wasser waschen, trocken schleudern. Übrige Butter mit übrigen Zwiebeln und Knoblauch in einem Topf aufschäumen lassen, Zwiebeln glasig dünsten. Spinat unterrühren und zusammenfallen lassen. Mit Salz würzen. Toastbrote toasten, Spinat darauf verteilen. Nierchen darauf anrichten und sofort servieren.

BIERSTILE: Malzbetonte, nicht zu starke Biere. Alt, Amber, Märzen, Dunkles.

DIE BESONDERE EMPFEHLUNG: „Nothelfer Trunk Export Dunkel" von der Klosterbrauerei Vierzehnheiligen. Ein nahezu prototypisches malzig-röstiges Dunkel aus der deutschen Bier-Region schlechthin – aus Franken.

ZUTATEN
für 4 Personen

400 g Kalbsnieren (beim Metzger vorbestellen)
1 Zwiebel
1 Knoblauchzehe
3 EL Olivenöl
Prise Zucker
50 ml Bier
100 ml Rinderbrühe
1 TL süßer Senf
1 TL grober Senf
40 g kalte Butter
Salz
1–2 Tropfen Balsamessig (Aceto Balsamico)
200 g Spinatsalat
4 Scheiben Toastbrot

RÖSTAROMATISCH

IMPERIAL STOUT

Kaffee- und Schokotöne vermählen sich mit malziger Süße und Hopfenbitterkeit. Das Ergebnis: eine fast abgründige Tiefe. Die edlere und stärkere Variante des Hafenarbeiter-Biers Porter wurde einst bis an den Hof der russischen Zarin Katharina exportiert. Tiefdunkel bis undurchsichtig besitzen die alkoholischen Schwergewichte eine Komplexität, wie sie sonst nur große Weine haben.

URSPRUNG	England
CHARAKTER	malzig/röstig und hochkomplex
GÄRUNG	in der Regel obergärig
ALKOHOLGEHALT	8 bis 12 Vol.-%
TRINKTEMPERATUR	11 bis 15 °C
GLASWAHL	Stout-Glas 
REFERENZBIERE	de Molen „Hel & Verdoemenis“, BrewDog „Tokyo“, Samuel Smith’s Imperial Stout
REZEPTE	Liptauer (s. S. 58), Rote Beete mit Pancetta (s. S. 70) oder Entrecôte mit Balsamico (s. S. 170)
STIL-VARIANTEN	Stout, Porter (schwächer), Outmeal Stout (mit Hafer), Coffee- oder Chocolate Porter oder Stout, Milk Stout (mit unvergärbarem Milchzucker), Baltic Porter (untergärig)

LIPTAUER-AUFSTRICH „CHEFSTYLER ART“

ZUTATEN
für 4–6 Personen

100 g Feta
250 g Sahnequark
100 g Frischkäse
1 EL Bier
1 EL Cornichon-Gurkenwasser
1 Knoblauchzehe
1 TL Kümmelsaat
1 EL Paprikapulver, edelsüß (plus etwas zum Garnieren)
Salz
Paprikapulver, scharf
1 Zwiebel
1 gekochte, geschälte Kartoffel vom Vortag
4 Cornichon-Gurken aus dem Glas
1 Zweig glatte Petersilie
1 EL Kapern
etwas Raps- oder Leinöl

Mit einem kleinen Umstyling wird aus rustikalem Liptauer eine elegante Creme, die sich auch in bester Gesellschaft sehen lassen kann. Das Bier dazu müssen Sie trotzdem nicht in Champagnerflöten servieren.*

ZEIT
20 Minuten

ZUBEREITUNG

Feta fein zerbröseln und mit Quark, Frischkäse, Bier und Gurkenwasser glatt rühren. Knoblauch pellen und fein würfeln, Kümmel fein mörsern und beides mit dem edelsüßen Paprikapulver unterrühren. Mit Salz und wenig scharfem Paprikapulver würzen.

Zwiebel schälen, in dicke Ringe schneiden und in einer beschichteten Pfanne ohne Fett einseitig anrösten (das gibt ein feines Raucharoma!), salzen und beiseitelegen. Kartoffel in feine Würfel schneiden. Cornichons in feine Scheiben schneiden. Petersilie fein zupfen. Kapern abtropfen.

Creme auf einem Teller oder einer Platte anrichten und mit den vorbereiteten Gemüsen und Petersilie garnieren. Mit etwas edelsüßem Paprika bestreuen und mit etwas Öl beträufelt servieren.

BIERSTILE: Mit Brot gereicht passt der klassische Aufstrich zu den meisten Bieren, insbesondere zu starken und dunklen Bieren wie Strong oder Imperial Ales.

DIE BESONDERE EMPFEHLUNG: „Hel & Verdoemenis“ von de Molen, Niederlande (s. S. 209), ein Imperial Stout der absoluten Sonderklasse und Referenz für diesen Bierstil.

*

Liptauer
ist ursprünglich eine slowakisch-ungarische Käsezubereitung aus quarkähnlichem Labkäse aus Schafs- und Kuhmilch („Brimsen“), gemischt mit Sahne, Butter und allerlei Gewürzen. Der Streichkäse gilt heute als Kulturgut in Ungarn, Österreich, der Slowakei und Tschechien. In Bayern ist Liptauer Bestandteil jeder anständigen Brotzeit und es gibt kaum einen Biergarten, der die würzige Creme nicht im Angebot hat, am liebsten zur knusprigen „Brezn“.

Liptauer-Aufstrich „Chefstyler Art“

Kepta duona

KEPTA DUONA

Erstmals im Original genossen habe ich den wahrscheinlich besten Biersnack der Welt in einem litauischen Restaurant in Hamburg. Dazu wurde in großen, bauchigen Gläsern eiskaltes, rubinfarbenes BALTIJOS-Bier der litauischen Brauerei ŠVYTURYS serviert – beinahe hätte ich den ganzen Abend nichts anderes mehr bestellt.

ZUTATEN
für 6 Personen

200 g Sahneschmelzkäse
100 g sehr reifer, fließender Kuhmilchkäse (z.B. Münster, Epoisses, Chaource)
2 EL Bier
6 Scheiben Roggenbrot
4 EL Öl
1 Knoblauchzehe
20 g Butter
Salz

ZEIT
15 Minuten

ZUBEREITUNG
Schmelzkäse mit Kuhmilchkäse und Bier in einen Topf geben und bei milder Hitze unter beständigem Rühren mit den Quirlen des Handrührgerätes (kleinste Stufe) schmelzen.

Roggenbrot in pommesartige Streifen schneiden. Öl in einer Pfanne mit der halbierten Knoblauchzehe erhitzen, bis der Knoblauch anfängt leicht zu bräunen. Knoblauchhälften herausnehmen, Brotstreifen im Knoblauchöl unter Rühren goldbraun kross braten. Butter zugeben, nochmals durchschwenken, salzen und mit der Käsecreme besprenkelt zum Bier servieren.

BIERSTILE: Pale und Red Ale, Rotbier, Rauchbier, Märzen … und jedes andere gute Bier

DIE BESONDERE EMPFEHLUNG: Natürlich das zum Rezept inspirierende „Švyturys Baltijos" aus Litauen. Eine leichter erhältliche Alternative wäre ein Märzen oder Festbier wie das preisgekrönte „Gold" von Schönramer (s. S. 47).

KÜRBIS-RÖSTI MIT GEBRATENER ENTENLEBER UND MANDARINEN

ZUTATEN
für 4 Personen

<u>*Für die Kürbis-Rösti:*</u>
600 g Hokkaido-Kürbis
2 Schalotten
1 EL Mehl (Type 405)
1 TL Speisestärke
Salz
weißer Pfeffer aus der Mühle
2 EL Butterschmalz

<u>*Für die Entenleber mit Mandarinen:*</u>
2 Mandarinen
300 g Entenleber
3 EL Olivenöl
20 g Butter
2 Zweige Majoran
Salz
Pfeffer

Wohin nur mit dem vielen Kürbis im Herbst! Das knusprige Rösti aus Hokkaido-Kürbis ist eine fabelhafte Lösung und in Kombination mit der würzigen Entenleber und süßen Mandarinen eine echte Entdeckung.

ZEIT
30 Minuten

ZUBEREITUNG
<u>*Für die Kürbis-Rösti:*</u> Kürbis entkernen, in grobe Stücke zerteilen und ungeschält auf der feinen Reibe raspeln (besonders gut geht das mit einer Küchenmaschine). Schalotten pellen, fein würfeln und unter die Kürbisraspeln mengen. Mehl und Speisestärke mischen und untermengen, die Rösti-Masse mit Salz und Pfeffer würzen.

Ofen mit einer ofenfesten Platte auf 50 Grad vorheizen. Butterschmalz in einer Pfanne erhitzen, darin in 2 Durchgängen insgesamt 8 Rösti braten. Röstimasse dafür portionsweise ins heiße Fett geben und flach drücken. 2–3 Minuten goldbraun braten, dann mit Hilfe zweier Paletten vorsichtig drehen und auch von der anderen Seite 2–3 Minuten braten. Herausnehmen, auf Küchenpapier abtropfen und auf der Platte im heißen Ofen warm stellen.

<u>*Für die Entenleber mit Mandarinen:*</u> Mandarinen schälen. Entenleber von Häutchen und Sehnen befreien, kalt abspülen und auf Küchenpapier abtrocknen. Olivenöl in einer Pfanne erhitzen, Lebern darin von jeder Seite 2 Minuten braten.

Mandarinenfilets mit der Butter in die Pfanne geben und alles zusammen weitere 2 Minuten braten. Majoran grob schneiden, in die Pfanne geben und durchschwenken. Mit Salz und Pfeffer würzen. Leber mit Mandarinen und Rösti auf vorgewärmten Tellern anrichten und sofort servieren.

BIERSTILE: Pale oder India Pale Ale, Pumpkin Ale

DIE BESONDERE EMPFEHLUNG: „Post Road Pumpkin Ale" von der Craft-Bier-Legende Brooklyn Brewery, eine nur zur Kürbiszeit gebraute saisonale Spezialität aus den USA. Die nicht günstige, aber höchst exquisite Gourmet-Alternative: „Iced IPA G'froren's" von Hofstetter (s. S. 81), ein leicht süßer, kräftig gehopfter Eis-Bock mit fast 13%.

Kürbis-Rösti mit gebratener Entenleber und Mandarinen

ICH MAG DIE KÖRPERLICHE KOMPONENTE BEIM BRAUEN.

LONDON, UK

THE KERNEL BREWERY

DER PURIST

Schlichtes braunes Packpapier, darauf in Schwarz Angaben zu Brauerei, Bierstil, verwendetem Hopfen und Alkoholgehalt. Schlichter als bei Kernel kann ein Bieretikett kaum sein. Die Reduktion verrät viel über die Haltung, mit der Evin O'Riordain braut: konzentriert aufs Wesentliche, auf kompromisslos gutes Bier.

Im südlich der Themse gelegenen Londoner Stadtteil Bermondsey hat sich im Laufe der letzten Jahre in den pittoresken Bögen eines Eisenbahnviadukts unter dem Namen *Spa Terminus* eine exquisite Sammlung unterschiedlicher Produzenten und Wiederverkäufer aus dem Bereich Essen und Trinken versammelt, alle geeint durch die leidenschaftliche Hingabe an das, was sie tun, und den unbedingten Willen zur Qualität. Eine Filiale des Hoflieferanten-Metzgers O'Sheas ist ebenso darunter wie die Bäckerei des Nose-to-tail-Pioniers und Reformators der klassischen britischen Küche Fergus Henderson, Käseproduzenten sind ebenso vertreten wie bemerkenswert kundig sortierte Naturweinhändler. Neben vielen weiteren findet sich in Bogen Nr. 11 auch eine der Brauereien, deren Name stets zu hören ist, wenn die Sprache auf die besten Craft-Bier-Brauer der britischen Hauptstadt kommt: The Kernel Brewery.

„Kernel" bedeutet übersetzt so viel wie Getreidekorn oder Kern, aber eben auch Wesen. Evin O'Riordain, der Gründer, hätte keinen besseren Namen wählen können, um seine Brauphilosophie zu charakterisieren. *„Die Brauerei entspringt dem Bedürfnis nach mehr guten Bieren …"*, heißt es auf der Website von Kernel, *„… Biere, die eine bestimmte Aufmerksamkeit verdienen und die den Trinker zwingen, sich mit dem, was er trinkt, bewusst zu beschäftigen."* Klarer kann man seine Mission kaum benennen.

Zum Brauen gefunden hat O'Riordain 2007 in New York, als er für Neals Yard Dairy, einen britischen Käsehändler und -Produzenten, in Manhattan einen Kunden beim Aufbau eines Käsegeschäfts beriet. Für O'Riordain wurde New York eine Art Erweckungserlebnis. *„Es war nicht allein die herausragende Qualität der Biere, die es dort gab"*, erzählt er, *„es war mindestens ebenso sehr die Art, wie die Menschen dort über Bier gesprochen haben. Sie wussten alles darüber. Wo der Hopfen herkam, wo das Malz, jedes Detail! So, wie ich damals über Käse."* Die Leidenschaft, der Ernst und Respekt, mit dem man sich dort dem Thema Bier zuwandte, sollten zum Keim für The Kernel werden.

Wieder zurück in London, begann O'Riordain sich mit Homebrewing zu beschäftigen. Die Intensität, mit der er das tat, sorgte schnell für erste Erfolge. Der folgerichtige nächste

ICH WÜNSCHE MIR, DASS DIE LEUTE NICHT DARAUF ACHTEN, WAS ICH ERZÄHLE, SONDERN AUF DAS, WAS DAS BIER ERZÄHLT.

Schritt: die Gründung der Brauerei. Inzwischen braut Kernel drei verschiedene Gruppen von Bieren: zum einen aromahopfenbetonte Pale Ales und IPAs amerikanischer Prägung, dann traditionell britische Stouts und Porter auf Basis alter, historischer Rezepturen und schließlich teils mit wilden Hefen vergorene, fassgereifte Sauerbiere. Vor allem Letztere sind hochindividuell, durch die zum Teil aus der Umgebung der Brauerei stammenden Hefen ganz besonders verbunden mit dem Ort, an dem sie entstehen.

Den ausgesprochen guten Ruf, dessen sich The Kernel innerhalb der europäischen Craft-Bier-Szene erfreut, erkennt man auch an der Tatsache, dass die Brauerei zu den Orten gehörte, die Jean van Roy für seinen Zwanze Day 2014 (s. S. 119) auserkoren hatte. *„Wir lieben, was Cantillon macht, es ist eine große Ehre, dabei gewesen sein zu dürfen"*, sagt Evin. Um dann sehr präzise zu analysieren, für wie unterschiedlich er den Brau-Prozess dort im Vergleich zu seinem hält. *„Normalerweise ist man beim Brauen ständig damit beschäftigt, Dinge zu vermeiden"*, sagt er. Infektionen mit unerwünschten Hefestämmen zum Beispiel oder das Entstehen von Fehltönen. Bei Cantillon arbeitete man dagegen eher mit der Umgebung, anstatt sie ständig zu bekämpfen, *„so, als ob man ein konstruktives Gespräch mit ihr führte!"* Auch, wenn dieser Weg für Biere, wie Evin O'Riordain sie macht, nichts ist – man hört dem Unterton in seiner Stimme deutlich an, wie sehr ihm die Vorstellung gefällt.

Kernel-Sude verkaufen sich in aller Regel rasend schnell. Der immense Erfolg einerseits und die zuweilen schmerzliche räumliche Beschränkung unter den Gewölbebögen des *Spa Terminus* andererseits sorgen für eine eher eingeschränkte Verfügbarkeit. Die Brauerei arbeitet inzwischen am oberen Limit ihrer Kapazität. Doch als *gypsy brewer* auf ein größeres Sudwerk auszuweichen, um größere Mengen produzieren zu können, ist für Kernel kein Thema. *„Wir haben darüber nachgedacht, aber es war nicht das, was wir wirklich wollten"*, sagt Evin, *„Dazu mögen wir das Brauen einfach viel zu sehr!"* Der direkte, körperliche Kontakt zum Prozess des Brauens sei ihm nach wie vor wichtig, betont er. *„Deshalb machen wir hier auch nichts anderes als eben zu brauen"*. Die Intensität, mit der O'Riordain das sagt, lässt keinen Zweifel, dass diese körperlich-sinnliche Komponente für ihn ein unverzichtbarer Teil seiner Arbeit ist.

Den Weg über den Kanal finden leider nur wenige Flaschen von The Kernel. Denn, wie gesagt, Absatzsorgen hat man in Bermondsey nicht. Ab und an sind die Biere auf Craft-Bier-Festivals auf dem Kontinent zu finden. Der beste Rat lautet aber, sich bei einem London-Besuch – für Craft-Bier-Freunde zur Zeit ohnehin vermutlich die interessanteste Stadt Europas – samstags zwischen 9 und 14 Uhr auf den Weg nach Bermondsey zu machen, um ein paar Flaschen direkt bei der Brauerei zu erstehen. Und dazu, wenn man schon in Bermondsey ist, vielleicht das ein oder andere Stück hervorragenden Käse. Evin O'Riordains Empfehlung dafür ist die Kombination zweier Vertreter traditioneller britischer Kulinarik: Stilton und das nach einer Rezeptur aus dem Jahr 1856 gebraute Imperial Brown Stout von The Kernel.

ANDYS

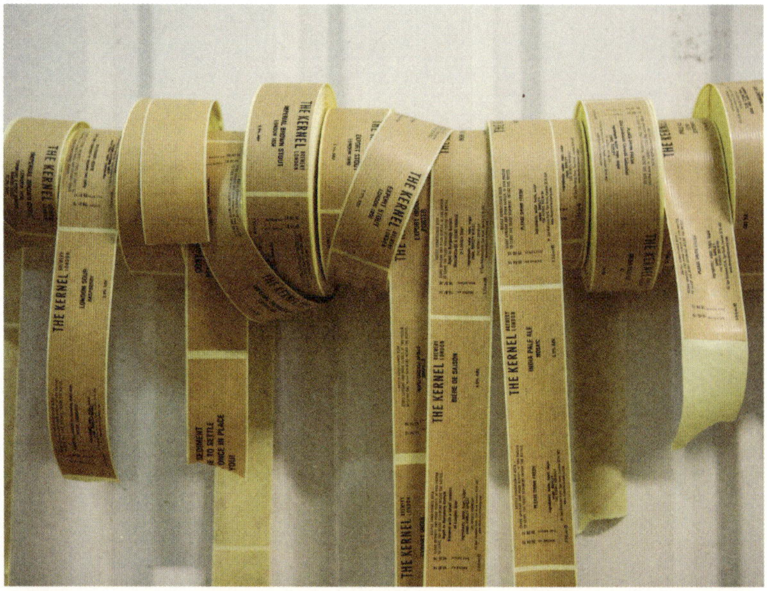
THE KERNEL

US Cascade 2014
Alpha: 5.00%

MOHAWK
BLACK ROCKET
YEAR ROUND BEER
PORTER

WIRKLICH WICHTIG IST NUR DAS, WAS IN DER FLASCHE IST.

ROTE BEETE MIT PANCETTA UND KARAMELLISIERTEN WALNÜSSEN

ZUTATEN
für 4 Personen

500 g kleine bis mittlere Rote Beete (4 Stück)
Salz
3 EL Zucker
2 EL dunkles Bier
20 g Butter
20 Walnusskerne
1 EL Bieressig
1 EL Balsamessig (Aceto Balsamico)
3 EL Apfelsaft
1 EL Honig
4 EL Olivenöl
schwarzer Pfeffer aus der Mühle
80 g hauchfein geschnittener Pancetta*

*
Pancetta
ist italienischer Bauchspeck vom Schwein, oft pfeffrig gewürzt, gesalzen und als Pancetta arrotolata auch gerollt als runder Schinken luftgetrocknet erhältlich. Wer keinen Pancetta bekommt, kann auch Coppa verwenden (s. S. 29). Sehr gut passen auch Bündnerfleisch oder ein mild gesalzener, heimischer roher Schinken.

Rote Beete, warm mariniert mit einer tiefen Balsamico-Bieressig-Vinaigrette, dazu hauchdünner Pancetta und süße, knusprige Walnüsse mit einem Hauch Salz. Das Kochen der Beete nimmt ein bisschen Zeit in Anspruch, sonst aber macht die elegante Vorspeise kaum Arbeit. Ein PERFECT MATCH *zu dunklem, malzigem Bier.*

ZEIT
ca. 90 Minuten

ZUBEREITUNG
Rote Beete waschen und ungeschält in Salzwasser garen, das kann 60 Minuten dauern. Wenn ein Holzstäbchen sich leicht durch die Beete schieben lässt, sind sie gar.

Währenddessen Zucker mit Bier in einer Pfanne aufkochen und blond karamellisieren lassen. Butter zugeben und schmelzen, dann die Walnüsse zugeben und 1–2 Minuten karamellisieren. Nüsse leicht salzen und zum Abkühlen auf Backpapier geben.

Aus Bieressig, Balsamessig, Apfelsaft, Honig und Olivenöl eine Vinaigrette rühren, mit Salz und Pfeffer würzen.

Rote Beete abgießen und unter kaltem Wasser schälen. Leicht abkühlen lassen, dann in dünne Scheiben schneiden. Ähnlich wie Carpaccio auf Tellern verteilen. Pancetta mittig anrichten. Rote Beete mit der Vinaigrette beträufeln, die Nüsse darauf verteilen.

BIERSTILE: dunkle und schwere malzbetonte Biere wie dunkler Doppel-Bock oder Imperial Stouts

DIE BESONDERE EMPFEHLUNG: „Black Nizza“, das röstig-malzige Imperial Stout des Augsburger Bier-Sommeliers Hans Müller. Kaffee- und Kakaonoten vereinen sich mit der erdigen Beete und den karamellisierten Nüssen zu einem hochkomplexen Aromenspiel.

Rote Beete mit Pancetta und karamellisierten Walnüssen

Salat von dreierlei geröstetem Kohl mit Räucherforelle und Zitrone

SALAT VON DREIERLEI GERÖSTETEM KOHL MIT RÄUCHERFORELLE UND ZITRONE

Blumenkohl, Brokkoli und Spargelkohl gewinnen beim Braten ein nussiges Aroma und behalten ihren Biss. Dazu passt zartes Räucherforellenfilet und eine frische Zitronen-Vinaigrette: ein ganz besonderer Wintersalat zum Sattwerden und Genießen.

ZEIT

20 Minuten

ZUBEREITUNG

Brokkoli in kleine Röschen schneiden, die Röschen halbieren. Blumenkohl in Scheiben schneiden. Spargelkohl längs halbieren, holzige Enden abschneiden. 3 EL Olivenöl in einer großen beschichteten Pfanne erhitzen, Kohl hineingeben und mit Salz und einer Prise Zucker würzen. Bei mittlerer Hitze unter Rühren 6–8 Minuten braten.

Für die Vinaigrette Zitronenabrieb und -saft mit Orangensaft, Senf, Honig, 3 EL Olivenöl und Leinöl zu einer Vinaigrette verrühren. Mit Salz und einer Prise Zucker würzen. Mizuna waschen und trocken schleudern.

Forellenfilets mundgerecht zupfen. Warmen Kohl mit Forelle, Mizuna und Vinaigrette mischen, nach Geschmack nochmals mit Salz oder Zitronensaft nachwürzen.

BIERSTILE: hopfige Pale Ales oder India Pale Ales

DIE BESONDERE EMPFEHLUNG: „Dead Pony Pale Ale" von BrewDog. Das nach Art eines Westcoast IPAs gehopfte Ale besticht bei nur 3,8% Alkohol durch trinkfreudige Leichtigkeit und lässt Kohl, Räucherforelle und fruchtig mariniertem Salat genügend Raum.

ZUTATEN

für 4 Personen

je 200 g Brokkoli, Blumenkohl und Spargelkohl*
6 EL Olivenöl
Salz
2 Prisen Zucker
Saft und Abrieb von ½ Bio-Zitrone
2 EL Orangensaft
1 TL Senf
1 TL Honig
3 EL Olivenöl
1 TL Leinöl
50 g Mizuna**
200 g geräucherte Forellenfilets, ohne Haut

*

Spargelkohl *mit seinen langen Stängeln und lilafarbenen Knospen ist mit dem Brokkoli verwandt und hört auch auf den Namen Sprossenbrokkoli. Er wurde bereits von den alten Römern kultiviert und ist im Frühjahr jetzt auch wieder auf heimischen Märkten zu finden.*

**

Eigentlich müsste dieses Rezept „Salat von vier Kohlsorten" heißen, denn bei dem aus Japan stammenden **Mizuna**-*Salat handelt es sich um einen Blattkohl. Die zart gezackten, dekorativen Blätter schmecken würzig-nussig, mit leichter Säure. Wer keinen Mizuna bekommt, behelfe sich mit Frisée.*

HOPFENBETONT

ALT

Heute nur noch am Niederrhein zu finden, ursprünglich jedoch deutlich weiter verbreitet. Der Name bezieht sich auf den „alten" – also obergärigen – Braustil im Kontrast zum damals Furore machenden untergärigen Pils. Neben dem regionalen Konkurrenten Kölsch (in der Regel süffig-milder, aber weniger komplex) der einzige deutsche traditionell obergärige Bierstil auf Gerstenmalz-Basis. Rötlich bernstein- oder kupferfarben und mit kräftiger Bitterkeit und malzigem Körper.

URSPRUNG	Deutschland
CHARAKTER	hopfenbetont mit malziger Basis
GÄRUNG	obergärig
ALKOHOLGEHALT	4,5 bis 5,5 Vol.-%
TRINKTEMPERATUR	6 bis 8 °C
GLASWAHL	Altbierglas 
REFERENZBIERE	Uerige Alt, Uerige Sticke, Schumacher Alt, Schlüssel Alt
REZEPTE	Apfel-Käse-Salat (s. S. 76), Cheseeburger (s. S. 144), Gebratene Blutwurst (s. S. 142), Senf-Nierchen (s. S. 55)
STIL-VARIANTEN	leicht säuerliche Altbiere wie das Münsteraner Alt oder das traditionelle Dortmunder „Adam-Bier". Stärker eingebraute Sude wie Sticke (6%) oder Doppelsticke (8,5%).

APFEL-KÄSE-SALAT MIT GERÄUCHERTEM SCAMORZA IN SENF-DILL-VINAIGRETTE

Frischer, roher Apfel, feiner Rauchkäse und feinsäuerlich-würzige Vinaigrette mit grobem Senf und Dillspitzen laden auf ein Glas Bier ein.

ZUTATEN
für 2–4 Personen

2 EL naturtrüber Apfelsaft
1 EL Apfelessig (wahlweise Bier- oder Weißweinessig)
1 EL Honig
1 EL grober Senf
3 EL Olivenöl
Salz
150 g mild geräucherter Scamorza*
1 Apfel
2–3 Zweige Dill

ZEIT
15 Minuten

ZUBEREITUNG

Aus Apfelsaft, Apfelessig, Honig, Senf und Olivenöl eine Vinaigrette anrühren. Mit Salz würzen. Scamorza in möglichst dünne Scheiben schneiden.

Apfel mit einem Apfelausstecher entkernen und in möglichst dünne Ringe schneiden.

Käse und Apfelringe abwechselnd dachziegelartig auf einer Platte auslegen. Dill fein zupfen und darüber streuen. Mit Vinaigrette beträufeln.

TIPP: Dazu passt Baguette oder Landbrot.

BIERSTILE: nicht zu alkoholstarke hopfenbetonte Biere wie Altbier, Pale Ale oder Session IPA

DIE BESONDERE EMPFEHLUNG: Freigeist „Abraxxxas“, ein der Berliner Weiße verwandtes saures Rauchbier – insbesondere die mit Apfelsaft eingebraute Apple-Variante, deren Rauchmalzaromatik gut zum Räucherton des Käses passt.

*

Scamorza
ist birnenförmig geformter Mozzarella, der für wenige Tage an der Luft trocknet. Er ist dann etwas fester als Mozzarella und wird leicht gesalzen verkauft oder zusätzlich über Buchenholz geräuchert. Charakteristisch ist seine „Schlinge um den Hals“, an der der Käse in der Luft und/oder über dem Rauch hängt. Je heller der Scamorza, umso milder wurde er geräuchert. Probieren Sie diesen Salat auch einmal mit Esrom oder echtem Mozzarella.

Apfel-Käse-Salat mit geräuchertem Scamorza in Senf-Dill-Vinaigrette

In Butter gegarter Lauch mit Bündnerfleisch und gerösteten Nüssen

IN BUTTER GEGARTER LAUCH MIT BÜNDNERFLEISCH UND GERÖSTETEN NÜSSEN

Macht süchtig. Der in Butter gegarte Lauch wird wunderbar zart und lässt sich beinahe weglutschen, für Knusper sorgen die gerösteten Haselnüsse und das würzige Bündnerfleisch krönt dieses ebenso einfache wie großartige Gericht.

ZEIT

30 Minuten

ZUBEREITUNG

Die erste Schicht Außenblätter der Lauchstangen abziehen, sie werden für dieses Gericht nicht benötigt (lassen sich beispielsweise für Gemüsebrühe verwenden). Stangen in Stücke von 7 cm schneiden. Knoblauch pellen und halbieren. In einem kleinen, hohen Topf die Butter schmelzen, Knoblauch zugeben und mit Salz würzen. Lauchstücke einlegen und zugedeckt bei mittlerer Hitze 20 Minuten in der Butter gar köcheln.

Inzwischen Haselnussblättchen mit Öl in einer Pfanne braun rösten, leicht salzen und auf einen Teller geben. Lauch aus der Butter heben und auf vorgewärmten Tellern anrichten, jeweils mit 1, 2 Spritzern Apfelessig besprenkeln. Haselnüsse und Bündnerfleisch drauf verteilen. Sofort servieren.

TIPPS: Dazu schmeckt Bauernbrot oder Baguette.

BIERSTILE: Nicht zu hopfenbittere, helle Biere, Helles, Lager, Kölsch. Oder auch ein mildes Pils.

DIE BESONDERE EMPFEHLUNG: „Tegernseer Spezial" vom Herzoglich Bayrischen Brauhaus Tegernsee, die moderat stärker eingebraute Variante des allseits bekannten Hellen

ZUTATEN

für 4 Personen

4 schlanke Stangen junger Lauch
1 Knoblauchzehe
500 g Butter*
Salz
2 EL Haselnussblättchen
1 TL Haselnussöl (alterativ anderes Nussöl oder Olivenöl)
einige Spritzer Apfelessig
200 g Bündnerfleisch

*

Die im Topf verbleibende, wunderbar aromatische Lauchbutter schmeckt sehr gut auf Brot oder zu Fisch, ist zum Würzen von Gemüsesuppe, Pasta oder Reis geeignet und kann zu Pellkartoffeln gereicht werden. Sie lässt sich auch gut einfrieren.

ZU
WURZE
WASSER
ZU

BITTE!

L.A.RIEDINGER

HOFSTETTEN, ÖSTERREICH

LANDBRAUHAUS HOFSTETTEN

TRADITION UND INNOVATION

Das Anwesen selbst wird erstmals 1229 urkundlich erwähnt, eine Brauerei ist seit dem Jahr 1449 belegt. Vermutlich wurde hier von Anfang an Bier gebraut. Aber auch mit der späteren Jahreszahl reicht es für den Eintrag im Guiness-Buch der Rekorde als „älteste Brauerei Österreichs".

Nördlich der Donau in Oberösterreich liegt das Mühlviertel. Österreichs älteste Brauerei hat dort ihren Sitz, nach wechselvoller Geschichte inzwischen in fünfter Generation in Besitz der Familie Krammer. Beinahe hätte sie Mitte der 1990er Jahre dasselbe Schicksal ereilt wie viele kleinere Brauereien auf dem Land: Qualitätsprobleme führten erst zu Kundenverlust und dann zu einer tiefen Krise, sodass der Steuerberater angesichts der Zahlen schließlich zur Schließung des Betriebes riet. Für Peter Krammer war das keine Option. Seine Alternative nach reichlicher Überlegung: Hausaufgaben machen, die Qualität in den Griff bekommen und sich durch Individualität und Innovation so von der Industriekonkurrenz absetzen, dass die Kundschaft zurück zur kleinen Landbrauerei findet.

Heute, knapp 20 Jahre später, muss man feststellen: Der Plan ist aufgegangen. Mehr als 15 verschiedene Biere werden inzwischen in Hofstetten gebraut und teils bis nach Amerika exportiert. Neben dem alten, aus dem Jahre 1929 stammenden Sudhaus entsteht zur Zeit ein modernes, um die Braukapazitäten der enorm gestiegenen Nachfrage anzupassen.

„1998 brauchten wir ein Zeichen, um unseren Wandel zu symbolisieren", meint Peter Krammer angesprochen auf das offensichtlichste innovative Moment in Hofstetten – das für eine so alte und traditionsreiche Brauerei ausgesprochen moderne Erscheinungsbild. *„Ein Freund, der damals gerade eine Agentur gegründet hatte, hat das für mich entworfen."* Doch selbstverständlich beschränkt sich die Innovation in Hofstetten nicht auf ansprechend gestaltete Etiketten. Die wahren Innovationen kommen aus dem Sudhaus. In Form von Granitbock zu Beispiel, offen vergoren in über 200 Jahre alten Granittrögen und mit glühenden Granitsteinen aromatisch verfeinert. Ursprünglich stammt die Technik aus Zeiten, in denen sich nicht alle Brauer metallerne

Sudkessel leisten konnten. Da man die Holzbottiche damals nicht mit Feuer beheizen konnte, kam man auf die Idee, heiße Steine in die Flüssigkeit zu geben, um sie zu erhitzen. Einer der Nebeneffekte: An der glühenden Oberfläche karamellisiert ein Teil der im Sud vorhandenen Zucker – und gibt der Würze so neben den typischen Karamell-Aromen auch eine gewisse, für die Brauhefe nicht vergärbare Restsüße.

Auch das Hofstettner „Honigbier" und der Honigbock sind die Resultate einer gelungenen Mischung aus Tradition und Innovation. *„Nach dem Kürbisbier war das mein erstes Kreativbier"*, berichtet er und erzählt, dass das Anreichern mit Honig früher in der Gegend durchaus üblich gewesen sei. Der Honig, den Krammer für seine Biere verwendet, wechselt. Für das Honigbier wird regionaler Bio-Honig der Hochland-Imker verwendet. Bei dem deutlich stärker vom Honigaroma geprägten Bock experimentiert er jedes Jahr aufs Neue mit Honigen unterschiedlicher Aromatik. So entstehen vielschichtige, komplexe Biere mit Noten beispielsweise von Lindenblüten oder Kastanien. Seit geraumer Zeit experimentiert der innovationsfreudige Krammer auch mit holzfassgelagerten Bieren auf Basis seiner Granit- und Honigböcke. Mal sind es Calvadosfässer, die er zur Reifung nutzt, mal italienische Rotwein-Barriques, die wilde Brettanomyces mit ins Bier bringen und den aromatisch ohnehin schon vielschichtigen Bieren weitere Tiefe und Komplexität verleihen.

Wer mit Peter Krammer spricht, bekommt den Eindruck einer fast überbordenden Kreativität und Innovationsfreude. Von einem alten, nicht mehr genutzten Holzbottich als möglicher Basis für Experimente mit Spontanvergärung ist die Rede. Wir unterhalten uns über den Einfluss der Hefe und Krammer erzählt von Experimenten mit in Bottichen offen vergärenden Suden, die er unter Apfel- und unter Birnbäumen stellte – mit deutlich wahrnehmbar unterschiedlichen Ergebnissen. Überhaupt werde der Einfluss der Hefe auf das Aromenbild gemeinhin sträflich unterschätzt. Und auch das alte Sudhaus wird nach Fertigstellung des Neubaus nicht arbeitslos werden. Der hohe Sauerstoffeintrag der alten Technik – beim Brauen von Pils beispielsweise eher unerwünscht – eignet sich für andere Stile umso besser.

Auch die Verbundenheit zur Region ist Peter Krammer wichtig. Zusammen mit zwei weiteren Brauereien und einem Gastwirt hat er die Initiative Bierviertel gegründet, die sich die Wahrung der regionalen Brauidentität verschrieben hat. Bei Hofstetten selbst ist seitdem das „Mühlviertler Bio-Bier" im Programm, das zu 100% mit Bio-Rohstoffen aus der Region gebraut wird. Es bedurfte einiger Überzeugungsarbeit, um vier umliegende Landwirte davon zu überzeugen, die benötigte Wintergerste – alte, traditionelle Sorten aus der Region – anzubauen. Auch Hofstetten selbst produziert seit 2010 feinste Braugerste. Zum Anwesen gehören schließlich rund 14 Hektar landwirtschaftliche Fläche, die, schon allein, weil sie teilweise in einem Wasserschutzgebiet liegen, bereits seit langem unter Bio-Bedingungen bewirtschaftet werden. Aus einem Brunnen, der aus eben jenem Wasserschutzgebiet schöpft, speist sich auch das Brauwasser für die Hofstettner Biere.

Man könnte noch viel über Peter Krammers Biere berichten – von seinem ersten Craft-Sud, dem Kürbisbier, zum Beispiel. Die Idee dazu entstand bei einer Verkostung von Würsten mit Kürbis bei einem befreundeten Metzger. Oder vom „G'frorenen", einem hopfengestopften Eisbock. Oder von seinem beredten Schweigen, wenn er gefragt wird, ob nach dem Anbau von Gerste das eigene Malz nicht der folgerichtige Schritt sei. Eines scheint sicher: Aus Hofstetten wird man noch eine ganze Menge hören.

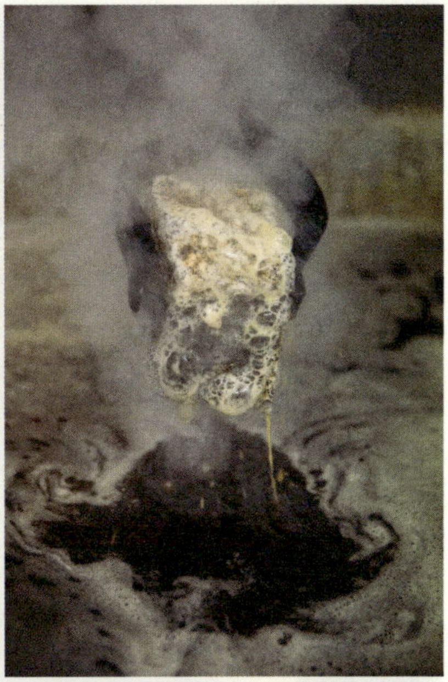

EIN BIER ZU KOPIEREN IST DAS DÜMMSTE, WAS EIN BRAUER MACHEN KANN.

HONIGBIER
HONIGBIER

KHK.

KÜBELBIER

GRANIT

Gebratener Baby-Lauch mit Ofenkäse und Pellkartoffeln

GEBRATENER BABY-LAUCH MIT OFENKÄSE UND PELLKARTOFFELN

Der junge Lauch wird vor dem Braten leicht gemehlt, das macht ihn schön knusprig. Nur leicht gesalzen begleitet er geschmolzenen Käse aus dem Ofen, dazu gibt es Pellkartoffeln. So einfach schmeckt das Glück.

ZUTATEN
für 4 Personen

800 g Kartoffeln
Salz
1 TL Kümmel
16 etwas dickere Stangen Baby-Lauch
2 Käse für den Ofen* à ca. 200 g
1 EL Mehl (Type 405)
5 EL Olivenöl
schwarzer Pfeffer aus der Mühle

*

Für den Käse aus dem Ofen *eignen sich Epoisses, Livarot, Münsterkäse, Rotschmierkäse, Camembert und Brie. Viele dieser Käse werden bereits im Spankörbchen verkauft und können dann, von allem Plastik befreit, direkt im Körbchen erhitzt werden. Wahlweise setzen Sie den Käse in eine kleine Auflaufform.*

ZEIT
25 Minuten

ZUBEREITUNG
Ofen auf 150 Grad vorheizen. Pellkartoffeln in Salzwasser mit Kümmel aufstellen und je nach Größe in 15–20 Minuten weich kochen.

Baby-Lauch waschen, Bärte stutzen und das Grün so kürzen, dass die Stangen in eine Pfanne passen. In kochendem Salzwasser 2 Minuten vorkochen, mit einer Schaumkelle herausnehmen und in kaltem Wasser abkühlen lassen. Auf Küchenpapier abtropfen lassen.

Käse im Ofen 6–10 Minuten erhitzen.

Inzwischen Baby-Lauch in Mehl wenden und in einer großen Pfanne in heißem Olivenöl goldbraun braten, dabei einmal wenden. Mit Salz würzen, auf Küchenpapier abtropfen und mit Pfeffer aus der Mühle bestreut zum Käse mit Pellkartoffeln servieren.

TIPP: Baby-Lauch passt sehr gut auch als Beigabe zu Raclette oder Fondue.

BIERSTILE: hopfenbetonte, nicht zu alkoholstarke Biere, Pils, Hopfenweiße, Session IPAs

DIE BESONDERE EMPFEHLUNG: Schönramer (s. S. 47) „Grünhopfen Pils", dessen intensive Aromatik auf der Verwendung von frischem, nicht getrocknetem Hopfen beruht. Alternativ: Schneider Weiße (s. S. 135) „Tap 5 – meine Hopfenweiße"

AAL „UNAGI“

ZUTATEN
für 4 Personen

2–3 Mandarinen
20 g Frisée
50 g Pumpernickel*
1 Knoblauchzehe
100 ml süße Sojasauce
4 geräucherte Aalfilets, ohne Haut, à 60–80 g
2 EL Öl

*
Pumpernickel
ist ein ursprünglich westfälisches Roggenbrot auf Sauerteigbasis. Es bäckt mindestens 16 Stunden lang in bedampften Öfen und entwickelt dabei seinen typischen Geschmack: süßlich, malzig, karamellig-würzig mit leichter Säure.

Unagi ist das japanische Wort für Aal, der dort gerne gegrillt und mit süßwürziger Soja-Sauce gelackt wird. In der stimmigen Kombination mit saftig-süßen Mandarinen und geröstetem, herben Pumpernickel-Brot wird daraus eine der überraschendsten Kompositionen der neuen Craft-Beer-Küche, ein PERFECT MATCH *zu vielen Dunkelbieren.*

ZEIT
25 Minuten

ZUBEREITUNG
Die Mandarinen so schälen, dass auch die weiße Haut entfernt wird. Mandarinenfilets zwischen den Trennhäuten herausschneiden. Frisée fein zupfen, waschen und trocken schleudern. Pumpernickel fein zerbröseln. Knoblauch pellen und sehr fein würfeln, mit Sojasauce verrühren.

Aalfilets in einer Pfanne im heißen Öl von jeder Seite 1–2 Minuten braten. Sojasauce zugießen und 1–2 Minuten dicklich einkochen. In einer zweiten Pfanne Pumpernickelbrösel 2 Minuten ohne Fett rösten, salzen.

Aal auf vorgewärmte Teller setzen, mit übriger Sauce aus der Pfanne beträufeln. Mit Mandarinenfilets und Frisée dekorativ anrichten und mit geröstetem Pumpernickel bestreut servieren.

BIERSTILE: dunklere, malzbetonte Biere wie Dunkel, Rauchmärzen oder Porter

DIE BESONDERE EMPFEHLUNG: „Mandarina IPA“ des BrauKunst-Kellers, dessen von Mandarine und dem leichten Rauchmalzanteil bestimmtes Geschmacksbild eine perfekte Brücke zum Gericht schlägt.

Aal „Unagi“

Moules à la bière mit Dill-Bratkartoffeln und Sauce andalouse

MOULES À LA BIÈRE MIT DILL-BRATKARTOFFELN UND SAUCE ANDALOUSE

Die Mayonnaise-Sauce mit dem französischen Klang und dem Herkunftshinweis auf Andalusien ist ein Klassiker der belgischen Küche, fein gewürzt mit Tomatenmark, Pfeffer und einem Hauch Estragon, leicht mit Essig gesäuert. Sie passt wunderbar zu einem weiteren Klassiker der belgischen Küche: Moules à la bière!

ZUTATEN
für 4–6 Personen

Für die Sauce andalouse:
80 ml Mayonnaise
1 TL Tomatenmark
1 Msp. getrockneter Estragon
1 Msp. Paprikapulver, geräuchert oder edelsüß
2 Zweige frischer Estragon
1 Spritzer Estragonessig (alternativ Weißweinessig)
Salz
Piment d'Espelette

Für die Dill-Kartoffeln:
800 g kleine bis mittelgroße gekochte Pellkartoffeln vom Vortag
4 EL Olivenöl
Salz
schwarzer Pfeffer aus der Mühle
weißer Pfeffer aus der Mühle
1 Bund Dill
1 EL Butter

Für die Muscheln in Bier:
1,5 kg Miesmuscheln
20 g Ingwer
1 Knoblauchzehe
80 g Lauch
50 g Butter
1 Lorbeerblatt
100 ml helles Bier
Salz

ZEIT
35 Minuten (plus Kartoffelkochen am Vortag)

ZUBEREITUNG
Für die Sauce andalouse: Mayonnaise mit Tomatenmark, getrocknetem Estragon und Paprikapulver glatt rühren. Estragon fein schneiden und unterrühren. Mit Essig, Salz und Piment d'Espelette abschmecken. Mindestens 10 Minuten ziehen lassen. Dann nochmals verrühren.
Für die Dill-Kartoffeln: Kartoffeln pellen und in einer Pfanne im heißen Öl in 6–8 Minuten goldbraun braten. Mit Salz und Pfeffer würzen und beiseitestellen. Dann die Muscheln zubereiten. Kurz bevor die Muscheln gar sind, Kartoffeln erneut auf den Herd stellen. Dill fein schneiden und mit der Butter zu den Kartoffeln geben. Durchschwenken und zu den Muscheln servieren.
Für die Muscheln in Bier: Muscheln in kaltem Wasser gründlich waschen, Bärte abziehen. Geöffnete Muscheln, die sich auch auf Druck nicht mehr schließen, aussortieren. Ingwer schälen und fein reiben, Knoblauch pellen und fein würfeln. Lauch in feine Ringe schneiden und gründlich waschen. Butter in einem großen Topf schmelzen, Knoblauch, Ingwer, Lorbeer und Lauch zugeben, mit Bier ablöschen. Aufkochen, salzen und die Muscheln zugeben. Zugedeckt 8 Minuten kochen. Mit Kartoffeln und Sauce heiß servieren.

BIERSTILE: Geuze, Lambik, Gose

DIE BESONDERE EMPFEHLUNG: Leider sehr rar, dafür umso lohnender: die Geuze von Cantillon aus Brüssel (s. S. 119). Über 150 Hefe- und Bakterienarten gären mit an diesem Bier und sorgen neben der typischen Säure für hochkomplexe Aromen. Dunkel. Abgründig.

BERLINER WEISSE WAR EIN VOM AUSSTERBEN BEDROHTES BIER.

BERLIN, DEUTSCHLAND

BOGK-BIER PRIVATBRAUEREI

DER ARCHÄOLOGE

Andreas Bogk ist Hacker – ein Menschenschlag, den zwei besondere Eigenschaften auszeichnen: der Wille und die Gewohnheit, Dingen auf den Grund zu gehen, sowie die Fähigkeit zur kreativen Improvisation – perfekte Voraussetzungen für eine Karriere als Craft-Bier-Brauer.

„Infiziert worden mit dem Brau-Virus bin ich im Jahr 2010 auf einer Konferenz in Belgien – einem der großen Bierländer dieses Planeten!", erzählt Andreas Bogk. Eigentlich ging es bei der Konferenz um Computer-Sicherheit. Aber im Abendprogramm wurde unter anderem ein dreistündiger Brau-Workshop angeboten. Er nahm daran teil, fand sofort Gefallen an diesem „Nerd-Sport" und betätigte sich seitdem intensiv als Hobbybrauer in der heimischen Küche.

Nach ersten Erfolgen mit unterschiedlichsten Bierstilen und der intensiven Beschäftigung mit deren Geschichte und Produktionsweisen – wie erwähnt, Hacker sind gewohnt, den Dingen auf den Grund zu gehen – begann er schließlich, sich mit dem Bierstil des Ortes zu beschäftigen, an dem er lebt: der Berliner Weiße. Und stieß auf eine eher traurige Geschichte. Denn vom Glanz ehemaliger Zeiten dieser regionalen Spezialität – um 1850 gab es in Berlin mehr als 150 Brauereien, die Weiße brauten, – war zum Zeitpunkt seiner Recherche nur noch eine einzige übrig. Und die produzierte auch nicht mehr auf die traditionelle Art und Weise. Seit dem Jahr 2005 wurde die Weiße in Berlin nämlich mit einem modernen, industriellen Verfahren hergestellt, dem zum alten Original ein für das Geschmacksbild höchst wichtiger Bestandteil fehlte: die Brettanomyces, jene Hefeart, die auch bei belgischem Lambik und Geuze für die komplexe und tiefgründige Aromatik sorgt.

Was in der Weinwelt als eindeutiger Weinfehler gilt – und dort einen recht penetranten Ton von Pferdeschweiß oder nassem Hund produziert – ist bei Weiße und Lambik ein zur Abrundung des Aromenspektrums notwendiger Bestandteil. Ganz ähnlich wie in vielen guten Parfüms der isoliert unangenehm stinkende Moschus für Komplexität und Tiefe des Dufts sorgt. Die regionale Berliner Spezialität mit einer urkundlich nachweisbaren Geschichte von mehr als 300 Jahren war also akut vom Aussterben bedroht!

UM BIER ZU BRAUEN, BRAUCHT MAN IM PRINZIP NUR EINEN TOPF UND EINEN WEG, DARUNTER FEUER ZU MACHEN.

Bogks Ehrgeiz war geweckt. Sein Ziel: die Weiße zu retten. Und zwar – wie auch sonst – dadurch, dass man sie braut. Original selbstverständlich, nach dem traditionellen Verfahren, mit gemeinsamer Vergärung durch Milchsäurebakterien und Hefen. Und selbstverständlich mit den authentischen obergärigen Hefen, die für diesen Bierstil traditionell verwendet wurden. Doch woher diese spezifischen Hefen und insbesondere die Brettanomyces nehmen? Bei der einzig verbliebenen Brauerei waren diese Stämme seit Jahren nicht mehr im Einsatz. Ein Experte für Berliner Weiße – Professor für Brauwesen an der TU Berlin – gab den entscheidenden Tipp: Klassische Berliner Weiße wurden mit Hefetrub in Flaschen gefüllt. Möglich, wenn nicht gar wahrscheinlich, dass die Brettanomyces in geschlossenen Flaschen auch heute noch lebendig seien.

Bogk machte sich also auf die Suche nach alten Flaschen mit originaler Berliner Weiße – und wurde fündig: Bei eBay erstand er Weiße des VEB Getränkekombinats Berlin aus den 1980er Jahren, aus deren Bodensatz er mit Hilfe einer Freundin, die in einem entsprechend ausgestatteten Labor arbeitete, tatsächlich die originalen alten Brettanomyces-Stämme isolieren und vermehren konnte. Seitdem lebt bei ihm ein neues „Haustier" und wird durch liebevolles *„gelegentliches Umkopieren"* (O-Ton Bogk) vor dem Aussterben bewahrt.

Das notwendige Fundament zur Erhaltung bzw. Rekonstruktion des Kulturguts Berliner Weiße war also gelegt. Was aber noch fehlte, um die kulturelle Errungenschaft auch mit anderen teilen zu dürfen, war die Gründung einer regulären Brauerei, inklusive Erfüllung der lebensmittel- und auch steuerrechtlichen Voraussetzungen. Um den Aufbau der Brauerei auch ohne eigenes Kapital finanzieren zu können, setzte Bogk im Sommer 2012 eine Crowdfunding-Kampagne auf. 3000 Euro zum Kauf von Materialien wollte er so im Laufe eines Monat zusammenbekommen – und wurde vom Erfolg förmlich überrannt. Schon nach rund fünf Stunden war das ursprüngliche Ziel erreicht. Nach einem Tag war das Projekt zu 200% finanziert und nach Ablauf der Funding-Zeit betrug die Summe über 21.000 Euro – mehr als 700% der ursprünglich veranschlagten Summe! Das mehr eingenommene Geld wurde in größere und professionellere Gerätschaften investiert. Es folgten rund zwei Jahre Brautätigkeit in einem eigens angemieteten Kreuzberger Souterrain. Doch dann kam die überraschende Kündigung durch den Vermieter und eine Zwangspause.

Inzwischen ist einiges passiert. Weitere Brauer sind dazugekommen, die sich um die fruchtig saure, alkoholarme und traditionell eher schwach gehopfte Spezialität bemühen. Aufgenommen in die *Slow Food Arche des Geschmacks* wurde sie auch. Einen Berliner-Weiße-Gipfel gab es gar. Und auch mit der Privatbrauerei Bogk-Bier geht es im Frühjahr 2015 weiter. Und zugleich schließt sich ein Kreis, wie er sich schöner und runder wohl kaum schließen könnte: Denn die Räume, in denen die Privatbrauerei Bogk-Bier zukünftig brauen wird, befinden sich auf dem Gelände der ehemaligen Willner Brauerei in Berlin. Exakt jenem Ort, an dem die Weiße-Flasche gebraut wurde, aus der die geretteten Hefekulturen isoliert wurden. Die Brettanomyces kehren an ihren ursprünglichen Arbeitsplatz zurück!

MELZER HALLE A.

53

BOGK"
BIER
Berliner Weiße
18 Monate
0,1 L
gelagert!

TRAGKRAFT
395 Kp/m^2

Berliner Weiße
Bogk-Bier
Privatbrauerei

Schankbier
Berliner
Weisse

BERLINER
GROTER JAN
WEISSE
SCHANKBIER

NAPOLEON HAT DIE BERLINER WEISSE NOCH ALS CHAMPAGNER DES NORDENS GELOBT.

IN NUSSBUTTER GEBRATENE JAKOBSMUSCHELN MIT NEKTARINEN-FRISÉE-SALAT

ZUTATEN
für 4 Personen

60 g Frisée
3 EL Geuze-Bier (alternativ ein frisches, säuerliches, helles Bier)
1 TL Honig
3 EL Olivenöl
1 Zweig Estragon
Salz
2 reife Nektarinen
50 g Butter
2–3 Jakobsmuscheln pro Person

Die geklärte nussige Butter unterstreicht den Eigengeschmack der Muscheln. Dazu passt die fruchtige Mischung aus reifer Nektarine und Bittersalat perfekt. Die feine Säure der Vinaigrette kommt vom frischen Geuze-Bier.

ZEIT
20 Minuten

ZUBEREITUNG
Frisée mundgerecht zupfen, waschen und trocken schleudern. Aus Bier, Honig und Olivenöl eine Vinaigrette rühren. Estragon fein schneiden und unterrühren. Die Vinaigrette mit Salz würzen. Nektarinen vom Stein befreien, in feine Scheiben schneiden und mit der Vinaigrette mischen.

Für die Nussbutter die Butter in einem Topf schmelzen, aufkochen und unter Rühren weiter köcheln, bis die Butter eine hellbraune Farbe annimmt. Durch ein mit einem Tuch ausgelegtes Sieb in die Pfanne passieren.

Butter in der Pfanne erhitzen, Jakobsmuscheln zugeben und 2 Minuten braten, mit Salz würzen, wenden und nochmals 2–3 Minuten braten. Frisée unter den Nektarinen-Salat mischen, Salat auf Teller verteilen. Jakobsmuscheln aufsetzen und mit der übrigen Butter aus der Pfanne beträufeln. Sofort servieren.

BIERSTILE: Berliner Weiße oder andere mild-saure Weizenbiere, Geuze

DIE BESONDERE EMPFEHLUNG: „Kampot White“ von Freigeist Bierkultur, ein mit weißem Pfeffer aus Kambodscha eingebrautes Weizen, dessen dezent-pfeffrige Schärfe das Gericht in Sterneküchen-Regionen katapultiert.

In Nussbutter gebratene Jakobsmuscheln mit Nektarinen-Frisée-Salat

FISH & MUSHY PEAS

ZUTATEN
für 4 Personen

Für das Erbspüree:
300 g mehlig kochende Kartoffeln
Salz
400 g grüne Erbsen (TK)
50 g Butter
1 TL fein abgeriebene Bio-Zitronenschale
einige Spritzer Zitronensaft

Für den Fisch im Bierteig:
1 Ei
100 ml Bier
100 g Mehl plus 2 EL Mehl (Type 405)
Salz
Öl zum Frittieren
500 g küchenfertig entgrätetes Weißfisch-Filet (z.B. Seelachs, Schellfisch, Merlan, Wels oder Kabeljau)
Meersalzflocken

FISH & CHIPS gelten als Nationalgericht der Briten, in der Pub-Version FISH & MUSHY PEAS wird der knusprig in Bierteig frittierte Fisch von kräftigem Erbsenpüree und dunklem Bier begleitet – eine hervorragende Idee!

ZEIT
40 Minuten

ZUBEREITUNG
Für das Erbspüree: Kartoffeln schälen, grob stückeln und in Salzwasser weich kochen. Erbsen 2 Minuten mitkochen. Abgießen und mit Butter in einen Topf geben. Die Butter schmelzen lassen. Alles mit Salz, Zitronenabrieb und Zitronensaft würzen. Mit einem stabilen Schneebesen zu grobem Brei zerstampfen.

Ganz leicht und kurz mit dem Schneidstab anpürieren (das gibt eine schöne grüne Farbe – wird der Stampf aber zu lange und gründlich püriert, wird er leimig). Warm stellen.

Für den Fisch im Bierteig: Ei mit 2 EL Wasser und Bier verquirlen. Gesiebtes Mehl zugeben und mit dem Handrührgerät zu einem glatten Teig verquirlen. Mit Salz würzen und 10 Minuten quellen lassen.
Öl in einer Fritteuse auf 190 Grad erhitzen (wahlweise ca. 500 ml Öl in einem hohen schlanken Topf erhitzen).

Fisch in Stücke schneiden und in 2 EL Mehl wälzen. Abklopfen und durch den Teig ziehen. Portionsweise im heißen Fett ca. 3–4 Minuten goldbraun frittieren. Auf Küchenpapier abtropfen lassen, mit etwas Meersalz bestreuen und zum Erbsenpüree servieren.

BIERSTILE: Stout, Porter, Schwarzbier

DIE BESONDERE EMPFEHLUNG: „Fullers London Porter", eines der bestbewertesten Porter weltweit. Als Alternative aus Deutschland: der untergärig gebraute „Baltic Porter" der Berliner Craft-Bier-Schmiede BRLO (s. S. 109).

Fish & Mushy Peas

HEFEBETONT

WEIZEN

In der Craft-Machart praktisch ausschließlich als Hefeweizen zu finden. Dann auch gern stil-untypisch kräftiger gehopft. Erfrischend fruchtig, kann typischerweise neben Zitrus- auch Bananen- oder Gewürznelkennoten aufweisen. Bei starker Hefetrübung am Gaumen gern auch cremig.

URSPRUNG	Bayern
CHARAKTER	spritzig frisch, leicht cremig
GÄRUNG	obergärig
ALKOHOLGEHALT	4,5 bis 6 Vol.-%
TRINKTEMPERATUR	7 bis 11 °C
GLASWAHL	Weizen-Glas
REFERENZBIERE	Schneider Weiße „Tap 7 – Unser Original", Unertl „Gourmet Weiße", HansCraft „Bayerisch Nizza"
REZEPTE	Kaninchen „the whole beast" (s. S. 152), Coppa-Knusperstreifen (s. S. 29) (Bock), gebratener Lauch (s. S. 87)
STIL-VARIANTEN	Kristallweizen, Weizenbock und -Doppelbock. Belgisches Witbier.

Dorade aus dem Salzmantel mit Zitronen-Sabayon

DORADE AUS DEM SALZMANTEL MIT ZITRONEN-SABAYON

*Unter der Thymian-Bier-Salzkruste bleiben alle Aromen der Dorade erhalten – dieser Duft, wenn die Salzkruste bei Tisch aufgebrochen wird! Sehr fein dazu: eine luftige Zitronen-Sabayon.**

ZEIT

30 Minuten (plus 40 Minuten Garzeit)

ZUBEREITUNG

Für die Dorade im Salzmantel: Ofen auf 220 Grad vorheizen. Fisch unter kaltem Wasser abspülen. Zitrone in Scheiben schneiden. Den Bauch der Dorade mit Zitronenscheiben und Lorbeer füllen.

Thymian fein hacken. Eiweiß cremig-steif schlagen und mit Bier, Thymian und Meersalz vermengen.

Ca. ⅓ der Mischung auf einem Blech mit Backpapier in Fischgröße ausbreiten, die Dorade auflegen und mit dem übrigen Salz bedecken. Leicht andrücken, es sollen keine Löcher oder Risse im Salzmantel sein. Im heißen Ofen 35 Minuten garen.

Für die Zitronen-Sabayon: Eigelbe mit Bier, Zitronenabrieb, Zitronensaft, Zucker und Salz in einer Metallschüssel glatt rühren.

Eine Handbreit Wasser in einem Topf aufkochen, die Hitze reduzieren, das Wasser sollte nur leicht simmern. Die Metallschüssel aufsetzen und die Sabayon darin, am besten mit den Quirlen des Handrührgerätes, in wenigen Minuten cremig-luftig aufschlagen. Zum Schluss die Butter unterrühren und auflösen. Sauce evtl. nochmals mit Salz, Zucker und mit einem Hauch Cayennepfeffer abschmecken.

Anrichten: Fisch aus dem Ofen nehmen, Salzkruste an den Seiten aufbrechen und abnehmen. Fischhaut abziehen und die Filets mit Gabel und Löffel herausheben. Auf vorgewärmten Tellern anrichten. Mit Sabayon genießen. Dann erst die Mittelgräte abziehen, die unteren Filets herauslösen, die Haut abziehen und in einem zweiten Gang genießen.

BIERSTILE: helle Biere mit nicht zu dominanter Bitterkeit, Weizen, Kölsch

DIE BESONDERE EMPFEHLUNG: „Mühlenkölsch" der Kölner Brauerei zur Malzmühle, dessen gelungene Balance zwischen Hopfenbitterkeit und Malzigkeit den feinen Aromen der Dorade genügend Raum lässt.

ZUTATEN

für 2 Personen

Für die Dorade im Salzmantel:

1 große küchenfertige Dorade (450–550 g)
1 Bio-Zitrone
2 Lorbeerblätter
4 Zweige Thymian (wahlweise ½ TL getrockneter Thymian)
1 Eiweiß
2 EL Bier
1 kg grobes Meersalz

Für die Zitronen-Sabayon:

2 Eigelbe
100 ml helles Bier
1 TL Bio-Zitronenabrieb
Spritzer Zitronensaft
Prise Zucker
Prise Salz
20 g kalte Butter in Würfeln
Cayennepfeffer

*

Sabayon *ist die französische Bezeichnung für luftige, über einem siedenden Wasserbad aufgeschlagene Saucen, die süß und herzhaft sein können. Basis ist meist Eigelb und Wein oder eine Spirituose. Die Sabayon ist verwandt mit der italienischen Zabaglione, einer süßen Weinschaumcreme mit Marsala-Wein.*

RÄUCHERBÜCKLING AUS DEM OFEN

Risolée-Kartoffeln sind die Prinzessinnen-Version von Bratkartoffeln, klein und fein und kross. Perfekt zur schaumigen Bier-Beurre-Blanc-Sauce, pfeffrigem Spinat und warmem Räucherfisch aus dem Ofen.

ZUTATEN
für 4 Personen

Für die Pommes Risolées:
600 g festkochende Kartoffeln
4 EL Öl
Salz

Für die Bier-Beurre-Blanc:
2 Schalotten
1 EL Olivenöl
1 Lorbeerblatt
1 TL Senfsaat
1 gehäufter TL Zucker
250 ml Bier plus 1 Spritzer Bier
150 g kalte Butter in Würfeln
Salz
etwas Zitronensaft

Für den Spinat und die Bücklinge:
4 kleine Räucher-Bücklinge
600 g Spinatsalat
2 Schalotten
1 EL Butter
Salz
schwarzer Pfeffer aus der Mühle

ZEIT
40 Minuten

ZUBEREITUNG

Für die Pommes Risolées: Kartoffeln schälen und fein würfeln. In einer großen beschichteten Pfanne in heißem Öl 20–25 Minuten bei mittlerer Hitze braten, dabei immer wieder durchschwenken. Zum Schluss salzen.

Für die Bier-Beurre-Blanc: Schalotten pellen und sehr fein würfeln. Öl in einem Topf erhitzen, die Schalotten darin glasig dünsten. Lorbeer und Senfsaat zugeben, Zucker unterrühren. 1 Minute schmoren. Mit Bier auffüllen und offen 8–10 Minuten stark einkochen.

Sud durch ein Sieb in einen zweiten Topf geben, aufkochen. Vom Herd nehmen und die kalten Butterstücke nach und nach mit dem Schneidstab untermixen. Die sämige Sauce mit Salz, Zitronensaft und einem Spritzer frischem Bier abschmecken. Warm stellen.

Für den Spinat und die Bücklinge: Bücklinge im heißen Ofen bei 80 Grad ca. 10 Minuten erwärmen. Spinat waschen und trocken schleudern. Schalotten fein würfeln und in einer Pfanne in der Butter glasig dünsten. Spinat zugeben, zusammenfallen lassen und mit Salz und Pfeffer würzen.

Spinat, Bücklinge und Kartoffeln auf vorgewärmte Teller verteilen. Sauce nochmals erwärmen (nicht kochen) und mit dem Mixstab luftig aufmixen. Über das Gericht träufeln und servieren.

BIERSTILE: saure Biere wie Weiße, Gose, Lambik oder Geuze

DIE BESONDERE EMPFEHLUNG: „Onkel Herbert Rhabarberweiße" der Düsseldorfer Craft-Brauerei Onkelbier, deren erfrischende Säure sich ebenso wie die feine Rhabarberfrucht in der Beurre hervorragend macht

Räucherbückling aus dem Ofen

UND DANN HABEN WIR EINFACH GESAGT: LASST UNS ZUSAMMEN EIN BIER MACHEN.

BERLIN, DEUTSCHLAND

BRLO

DAS BRAU-START-UP

Die vermutlich meistgestellte Frage an die junge Brauereigründung aus der deutschen Hauptstadt dürfte wohl die nach der Aussprache und Bedeutung des im ersten Moment kryptischen Namens sein. Bitte, wir helfen da gern: BRLO spricht sich ungefähr „Bärrloh" und ist der altslawische Ursprung des Namens Berlin.

Was passiert, wenn zwei junge Fachleute für Design, Marketing und Vertrieb mit dem Vorsatz, irgendwann mal *„was mit Bier"* zu machen, auf einen leidenschaftlicher Brauer treffen, der mit 16 sein erstes Praktikum, danach eine Ausbildung und schließlich ein Studium zum Diplom-Brauer absolviert hat? Ganz einfach: Es entsteht eines der hipsten Label, das die deutsche Craft-Bier-Szene zur Zeit zu bieten hat!

Am 1. November 2014 kam das erste Bier von BRLO auf den Markt, eine Neugründung der beiden Betriebswirtschaftler Katharina Kurz und Christian Laase mit dem jungen Diplom-Braumeister Michael Lembke. Kurz und Laase kennen sich vom gemeinsamen Studium an der European Business School, Lembke hat an der renommierten Versuchs- und Lehranstalt für Brauerei (VLB) in Berlin studiert, wo er heute noch einen Tag in der Woche als wissenschaftlicher Mitarbeiter arbeitet. Zusammen hat man sich vorgenommen, das Thema Craft-Bier dem Spezialisten-Nischendasein zu entreißen und eine junge, großstädtische Klientel mit Bieren jenseits der industriellen Monotonie zu versorgen.

Der Auftritt von BRLO ist so, wie man es von einem Start-Up aus der deutschen Hauptstadt erwartet: betont jung, betont großstädtisch. Ein gelungenes Label-Design, für das die sonst eher im Parfüm- und Kosmetikbereich tätige Hamburger Agentur Lutz Herman Design verantwortlich zeichnet, zählt ebenso dazu wie eine modern gestaltete Website. Dazu Trinkempfehlungen, die neben Foodpairings auch Tipps wie „zum Knutschen" oder „zum Nacktbaden" umfassen. Soviel betont jugendliche Urbanität war bislang in der Craft-Bier-Szene selten anzutreffen.

Das Brauportfolio umfasst drei verschiedene Stile: ein Helles, ein Pale Ale und ein Porter, allesamt rundweg gelungene Vertreter ihrer Gattung. Für die Berlin Beer Week 2015 wurde das Angebot um eine Weiße ergänzt. Ursprünglich war sie nur als Testsud gedacht, aber angesichts des Erfolgs denkt das BRLO-Team inzwischen darüber nach, auch den alten Berliner Traditionsstil fest ins Programm aufzunehmen. Für eine Brauerei, die neben Getreideähre und Hopfendolde auch einen kleinen Berliner Bären in ihrem Logo führt, eigentlich fast eine zwingende Überlegung.

MITTELFRISTIG IST EINE EIGENE BRAUEREI EIN THEMA – SCHON ALLEIN, UM UNSEREM BIER EINE HEIMAT ZU GEBEN.

Die Bitterkeitsrekorde anderer Craft-Brauer sucht man bei BRLO vergebens – von extremen Hopfenexzessen hält Braumeister Michael Lembke wenig. Ihn interessieren andere Dinge. Zum Beispiel die verwendeten Hefen. Die werden – so viel handwerkliche Brauer-Ehre muss sein – in Berlin selbst gezogen. Die Neulinge bei Erstkontakt zuweilen verschreckende Intensität vieler IPAs findet sich beim BRLO-Ale nicht. Trotzdem zeigt es mit seinen vier amerikanischen und einer deutschen Sorte sehr schön die typisch fruchtigen Noten seiner Aromahopfen.

Auch bei der zuletzt gebrauten Weiße spürt man diese Extreme bewusst vermeidende Brauphilosophie. Denn auch wenn sich Lembke im Gespräch als großer Bewunderer von Jean Marie Rock – dem langjährigen Braumeister des belgischen Trappisten-Biers Orval, der für den Einsatz von Brettanomyces bei seinen Bieren legendär ist – zu erkennen gibt: Bei der eigenen Weiße wurde auf den Einsatz dieser den Bieren ungewohnt dunkle, zuweilen verstörend abgründige Aromen verleihenden Spezialhefe verzichtet. Eine direkt mit Waldmeister gebraute Weiße wäre etwas, dass ihn viel eher interessiert. Doch solange man noch nicht über eine eigene Brauerei verfügt, müssen solche Experimente warten.

Denn zur Zeit braut BRLO noch alle Biere als *gypsy brewer* bei zwei mittelständischen Brauereien in Ostdeutschland – selbstverständlich, darauf legen die drei Gründer Wert, unter der persönlichen Aufsicht von Braumeister Lembke. Das untergärige Helle entsteht, wie auch die Fotos rechts, in der bis auf das Jahr 1589 zurückgehenden Klosterbrauerei Neuzelle, die obergärigen Stile Porter und Pale Ale in der ebenfalls traditionsreichen Brauerei Landsberg in Sachsen-Anhalt. Nach eigenen, in Berlin entwickelten Rezepturen und mit eigens für BRLO eingekauften Rohstoffen, wohlgemerkt. „*Designed in Berlin. Assembled in Landsberg* [bzw. *Neuzelle*]“, heißt es auf dem Etikett. Quelle und Sorten der verwendeten Hopfen und bio-zertifizierten Malze sind auf der Homepage nachzulesen, ebenso wie die Brauereien, bei denen man zu Gast ist.

Mittelfristig planen die drei jungen Gründer aber den Aufbau einer eigenen Brauerei in Berlin – natürlich mit dem dazugehörenden Brauerei-Ausschank. „*Schon allein, um unserem Bier eine Heimat zu geben!*“, wie Katharina Kurz sagt. Für die Mengen-Sude wird man aber höchstwahrscheinlich auch dann noch auf Lohnbrauereien zurückgreifen. Innerhalb der Craft-Bier-Szene ist das auch anderenorts gängige Praxis. Und ganz nebenbei für viele mittelständische alteingesessene Brauereien eine hochwillkommene Verbesserung der Kapazitätsauslastung im täglichen Kampf um das wirtschaftliche Überleben. Eine klassische Win-win-Situation – oder praktizierte „*sharing economy des Bierbrauens*“, wie Katharina Kurz das nennt.

Da ist BRLO dann ganz das junge, quirlige Hauptstadt-Start-Up. Genau wie bei seinem bemerkenswerten sozialen und um Nachhaltigkeit bemühten Engagement. Ein fester Betrag des Erlöses jeder verkauften Flasche wird an ausgesuchte soziale und kulturelle Projekte in der Hauptstadt gespendet. Die Kulturloge Berlin wurde unterstützt, zuletzt wurden Bienenpatenschaften übernommen. Halten wir einmal ganz deutlich fest: Es gibt sicherlich schlechtere Wege, „*was mit Bier*“ zu machen …

SECKMÜHLE
Mühlenbauanstalt und Maschinenfabrik vorm.
GEBRÜDER SECK, DRESDEN

BRŁO

BRŁO
CRAFT BEER
PALE ALE

PALE ALE
NEW

Gebratener Lachs auf Paprikagemüse mit Estragon-Mayonnaise

GEBRATENER LACHS AUF PAPRIKAGEMÜSE MIT ESTRAGON-MAYONNAISE

Ein feines und würzig-aromatisches Fischgericht, das durchaus zu einem süffigen India-Pale-Ale-Bier passt. Sehr gut sogar!

ZEIT

25 Minuten

ZUBEREITUNG

Für das Paprikagemüse: Paprika mit einem Sparschäler schälen, längs halbieren, Kerngehäuse und Strunk entfernen. Paprika in breite Streifen schneiden, salzen und in einer Pfanne in heißem Öl bei mittlerer Temperatur 8–10 Minuten weich braten. Mit Paprikapulver, Zucker und Cayennepfeffer würzen. Brühe zugeben und offen 1–2 Minuten dicklich einkochen. Warm stellen.

Für die Estragon-Mayonnaise: Aus Mayonnaise und saurer Sahne eine Sauce anrühren. 2 Zweige frischen Estragon fein schneiden und mit dem getrockneten Estragon unterrühren. Mit Salz, Zucker und einem Spritzer Estragon-Essig abschmecken.

Für die Lachsschnitten: Lachsschnitten mit Salz würzen und in einer Pfanne im heißen Öl-Butter-Gemisch von jeder Seite 2–3 Minuten braten (medium), wahlweise die Garzeit nach Geschmack verlängern.

Lachsschnitten auf dem Paprikagemüse anrichten, mit übrigem gezupftem Estragon bestreuen und mit der Sauce servieren.

TIPP: Dazu passt Baguette.

BIERSTILE: Pale, Red und India Pale Ale, Session IPA

DIE BESONDERE EMPFEHLUNG: Ale-Mania (s. S. 147) „Session IPA", dessen leicht reduzierter Alkoholgehalt dem trotz mayonnaisenbasierter Sauce nicht zu schweren Gericht entgegenkommt

ZUTATEN

für 4 Personen

Für das Paprikagemüse:

500 g rote Langpaprika (alternativ rote Paprikaschoten)
Salz
4 EL Olivenöl
1 TL Paprikapulver, edelsüß
Prise Zucker
Cayennepfeffer nach Geschmack
100 ml Gemüsebrühe

Für die Estragon-Mayonnaise:

4 EL Mayonnaise
4 EL saure Sahne
3 Zweige frischer Estragon
1 Msp. getrockneter Estragon
Salz
Prise Zucker
Spritzer Estragon-Essig (alternativ Weißweinessig)

Für die Lachsschnitten:

4 Lachsschnitten, entgrätet, à ca. 160 g
Salz
2 EL Olivenöl
1 EL Butter

IN BIER GESCHMORTER SCHWEINEBAUCH MIT BLAUBEEREN UND ROTKOHLSALAT

ZUTATEN
für 4–6 Personen

Für den Bierbraten:
1 kg fleischiger Schweinebauch mit Schwarte
Salz
1 EL Schweineschmalz
2 Zwiebeln
2 EL brauner Zucker
500 ml Bier
250 ml Fleischbrühe
150 g Blaubeeren
Salz
schwarzer Pfeffer aus der Mühle

Für den Rotkohlsalat:
300 g Rotkohl
2 EL Balsamessig (Aceto Balsamico)
1 EL Honig
1 EL Walnuss- oder Nussöl
3 EL Olivenöl

Ein Bierbauch ist was Schönes! Butterweich und mit Knusperkruste kommt der Braten aus dem Ofen, in würzigem Biersud gegart, mit süßen Blaubeeren und begleitet von frischem Rotkohlsalat.

ZEIT

25 Minuten (plus 120 Minuten Garzeit)

ZUBEREITUNG

Für den Bierbraten: Schwarte kreuzförmig bis zum Fleisch einschneiden. Bauch salzen. Schmalz in einem Bräter schmelzen, Bauch mit der Schwarte nach unten einsetzen. Schwarte dunkelblond braten (das kann ordentlich spritzen, am besten Bräterdeckel aufsetzen).

Ofen auf 175 Grad vorheizen. Zwiebeln halbieren, pellen und in Spalten schneiden. Bratenstück wenden, Zwiebeln zugeben und kurz hell anbraten. Zucker zugeben und leicht karamellisieren lassen. Bier zugießen und aufkochen.

Im heißen Ofen offen 60 Minuten garen. Brühe zugießen und weitere 60 Minuten offen garen. 5 Minuten vor Garende die Blaubeeren zugeben. Den Sud mit Salz und Pfeffer würzen.

Für den Rotkohlsalat: Rotkohl fein schneiden oder raspeln, salzen und mit Balsamessig, Honig, Walnussöl und Olivenöl weich kneten.

TIPPS: Nach Wunsch den würzigen Bratensud vor Zugabe der Blaubeeren mit einem Fett-weg-Kännchen entfetten. Oder mit etwas Saucenbinder oder Speisestärke leicht abbinden.

Kochen Sie ein paar Kartoffeln zum Bierbauch, zum Musen und Mantschen!

BIERSTILE: Nicht zu dunkle, malzbetonte Biere mit wenig Hopfen wie Rotbier oder ein heller Bock. Alternativ: eine Geuze, deren deutliche Säure das Fett von Braten und Sauce bekömmlicher macht.

DIE BESONDERE EMPFEHLUNG: die Geuze „Mariage Parfait" von Boon – in der Tat eine gelungene Hochzeit mit dem Braten und einmal etwas ganz anderes. Kräftige Säure, ausgeprägte aromatische Komplexität und Tiefe. Bier für Fortgeschrittene.

In Bier geschmorter Schweinebauch mit Blaubeeren und Rotkohlsalat

BRASSER
MUSEUM VAN DE

Paul CANTILLON
SOLD OUT
SOLD OUT

GUEUZE & KRIEK
DE LA MAISON
CANTILLON
RUE GHEUDE 56-58

37
R

BRÜSSEL, BELGIEN

BRASSERIE CANTILLON

DIE ZEITMASCHINE

„Geuze-Museum Brüssel" – schon das draußen auf dem Holztor prangende Schild weist darauf hin, dass es sich hier um einen geschichtsträchtigen Ort handelt. Seit 1900 wird im Familien-Betrieb Cantillon-Bier gebraut – im ursprünglichsten Bierstil der Welt.

Vor uns steht ein wuchtig-breiter Dekanter, wie man ihn sonst nur bei hochwertigen Weinen einsetzt. Darin, tiefgolden leuchtend, ein Bier: „Zwanze 2012", ein mit Rhabarber aus der Region vergorenes Fruchtlambik. *„Das ist vermutlich das beste Bier, das ich bislang in meinem Leben gebraut habe!"*, sagt Braumeister Jean van Roy mit Stolz, als wir probieren. Und in der Tat: Was wir schmecken, ist überwältigend. Komplex, fast abgründig tief, dazu die deutliche Rhabarberfrucht und über allem eine kräftige, erfrischende Säure. Und vor allem: Mit jeder Minute in Dekanter und Glas wird das Bier besser und komplexer.

Hier im Familienbetrieb Cantillon werden seit dem Jahr 1900 Lambik und Geuze produziert. Traditionelle belgische Sauerbiere, gebraut auf eine Art und Weise, die sich nicht allzu weit entfernt hat von der vor mehr als 8000 Jahren, als die Menschen mit Getreideanbau und -Verarbeitung auch die Kunst des Bierbrauens für sich entdeckten. Heutige Biertrinker, die Sauerbiere nicht mehr gewohnt sind – obwohl die überwiegende Zeit der Bier-Geschichte über nahezu alle Bier sauer geschmeckt haben –, schrecken vor der Säure im Bier oft zurück – ein Fehler. Denn *„Lambik ist das perfekte Bier, um damit zu kochen: Es hat wenig Bitterkeit und viel Frische gebende Säure"*, betont Jean, *„vor 30 bis 40 Jahren war das Kochen mit Bier, insbesondere mit Lambik, hier noch sehr verbreitet!"*

In den Folgejahren sollte sich das leider ändern. Vor 20 bis 25 Jahren war auch Cantillon im Zuge des grassierenden Brauereien-Sterbens akut in seiner Existenz bedroht. Jeans Vater Jean-Pierre hatte 1978 schließlich die rettende Idee: Er öffnete die Brauerei für Besucher und machte sie mit ihrer althergebrachten Produktionsweise und ihren zum Teil noch aus dem 19. Jahrhundert stammenden Maschinen zum Brüsseler Geuze-Museum. Was damals den erbitterten Widerstand von Jeans Großvater hervorrief (*„Man lässt keine Fremden in seine Brauerei!"*), erwies sich in der Folge als Rettung für das Unternehmen. Heute besuchen jedes Jahr rund 40.000 Gäste die Brauerei.

Lambik wird traditionell spontan, also ohne den aktiven Zusatz von Hefekulturen

MAN MUSS DIE DINGE MIT LIEBE MACHEN, WEIL MAN DIESE LIEBE SCHLIESSLICH AUCH IM GLAS WIEDERFINDET.

und nur durch die Infektion mit wilden Hefen durch die Luft vergoren. Bei Cantillon geschieht diese Infektion, *„the magic"*, wie Jean nicht ohne Respekt im Unterton sagt, im sogenannten Kühlschiff, einem großen Kupferbecken unter dem Dach, in dem die fertig gekochte Bierwürze über Nacht auskühlt. Rund 100 verschiedene Hefestämme und weit über 50 unterschiedliche Bakterienkulturen siedeln hier in den Dachbalken. Fast alle tragen zur Vergärung und damit zur komplexen Aromatik der hier entstehenden Biere bei.

Die Gärung und Reifung der Biere erfolgt dann über einen Zeitraum von ein bis drei Jahren in gebrauchten Holzfässern von 200 bis 500 Liter Volumen. Deren Lagerfläche schafft einen enormen Raumbedarf – um einen Hektoliter Lambik bzw. Geuze zu produzieren, braucht Cantillon über einen Quadratmeter. Die zur Verfügung stehende Fläche erlaubt zur Zeit nur die Produktion von ca. 1700 hl pro Jahr. Ein weiteres Lager ganz in der Nähe soll die Kapazitäten demnächst erweitern.

Um das Bier für seine lange Reifezeit zu stabilisieren, wird es mit bis zum Sechsfachen der beim Brauen normalerweise verwendeten Menge gehopft. Trotzdem ist es nicht zu bitter. Der eingesetzte Hopfen wird rund drei Jahre gelagert, damit sich ein Großteil der für die Bitterkeit verantwortlichen Alphasäure abbauen kann. Nach rund einem Jahr ist das Lambik – zu diesem Zeitpunkt praktisch frei von Kohlensäure – bereit, um weiterverarbeitet zu werden. Durch die Zugabe von Früchten und anschließender weiterer Vergärung zum Kriek (mit Sauerkirschen) oder Fruchtlambik (mit Himbeeren oder anderen Früchten), zum Beispiel. Bei Cantillon werden dazu ganze Früchte – kein Püree oder gar Konzentrat – eingesetzt. Rund 200 bis 300 Gramm pro Liter kommen ins Fass. Um dann schließlich auf der Flasche weiter zu vergären. Deswegen ist traditionell flaschenvergorenes Fruchtlambik (beim Einkauf auf den Begriff „oude" achten!) im Gegensatz zu den modernen Industrievarianten auch knochentrocken – nahezu aller Zucker, der im Bier war, wurde von den verschiedenen Hefen vergoren.

Ein Teil der Lambiks reift weiter und wird schließlich zur Geuze – eine Cuvee von in der Regel fünf bis sechs verschiedenen Lambik-Fässern mit einem Alter zwischen ein und drei Jahren, das dann auf der Flasche weiter gärt und so die feine, fast champagnerartige Perlage bildet, die neben der Säure und komplexen Aromatik eine „oude" Geuze auszeichnet.

WIR BRAUEN IM URSPRÜNGLICHSTEN BIERSTIL DER WELT.

Ein Besuch der Zeitmaschine namens Cantillon sei jedem Brüssel-Besucher auf das Wärmste empfohlen. Um sich für eine kurze Zeit in ein anderes Jahrhundert versetzen zu lassen, um die Hingabe, mit der hier Bier gebraut wird, zu spüren. Und natürlich, um vor Ort einige der dort gebrauten Spitzen-Biere zu verkosten: beispielsweise das mit Himbeeren vergorene „Rosé de Gambrinus" oder das mit Traubenmost von der Loire vergorene fruchtig und intensiv pfefferwürzige „Pineau d'Aunis".

PACKO

CANTILLON

Le Temps ne respecte
pas ce qui se fait
sans Lui

LAMBIK IST DAS FEHLENDE BINDEGLIED ZWISCHEN WEIN, BIER UND CIDER.

DOPPEL-KALBSKOTELETT AUF OFEN-MÖHREN MIT VANILLEBUTTER

ZUTATEN
für 2 Personen

Für die Möhren:
600 g bunte Fingermöhren
5 EL Olivenöl
1 Knoblauchzehe
½ TL Fenchelsaat
1 EL Honig
schwarzer Pfeffer aus der Mühle
Salz
200 ml dunkles Bier

Für das Kotelett mit Vanillebutter:
1 Doppel-Kotelett vom Kalb (ca. 500 g)
2 EL Olivenöl
Salz
schwarzer Pfeffer aus der Mühle
½ Vanilleschote
1 EL weiche Butter
1 EL Pinienkerne
2 Zweige Kerbel

Das Kotelett für zwei mit geschmorten Möhren aus dem Ofen ist butterzart und wird mit Vanillebutter serviert, die die Aromen der süßen Möhren perfekt mit dem würzigen Fleisch verbindet. Pinienkerne sorgen für Knack und die nussige Note. Ein neues Lieblingsrezept.

ZEIT
40 Minuten

ZUBEREITUNG

Für die Möhren: Ofen auf 220 Grad vorheizen. Möhren ungeschält unter heißem Wasser gründlich waschen. Längs halbieren und in einem Bräter in heißem Öl bei mittlerer Temperatur 8 Minuten braten. Knoblauch pellen, würfeln und mit Fenchelsaat und Honig unterrühren. Mit Pfeffer und Salz würzen. Bier zugießen, aufkochen und die Möhren 15 Minuten im Ofen garen.

Für das Kotelett mit Vanillebutter: Fettstreifen entlang des Doppel-Koteletts kreuzförmig einritzen. Kotelett auf der Fettschicht in eine feuerfeste Pfanne mit dem Öl geben und die Fettschicht bräunen.

Ofen auf 200 Grad runterschalten. Fleisch in der Pfanne auf jeder Seite 5 Minuten braten, mit Salz und Pfeffer würzen. Mit der Pfanne in den Ofen schieben und nochmals auf jeder Seite je 6 Minuten garen.

Vanilleschote halbieren, Mark herausschaben. Mit der weichen Butter und einer Prise Salz verrühren. Pinienkerne in einer Pfanne ohne Fett rösten. Fleisch und Möhren herausnehmen, mit Vanillebutter toppen, mit Pinienkernen und grob gezupftem Kerbel bestreut servieren.

BIERSTILE: Dunkle, röstaromatische Biere wie Porter, Stout oder Imperial Stout. Besonders fein: deren holzfassgereifte, oft leicht vanillige Varianten.

DIE BESONDERE EMPFEHLUNG: „Cocoa Psycho" von BrewDog aus Schottland, ein wuchtiges Imperial Stout mit – neben kräftigen Kaffee- und Kakao-Tönen – intensiver Vanille-Note.

Doppel-Kalbskotelett auf Ofen-Möhren mit Vanillebutter

Hähnchenragout in Dunkelbiersauce mit krosser Hühnerhaut

HÄHNCHENRAGOUT IN DUNKELBIERSAUCE MIT KROSSER HÜHNERHAUT

Nur das zarte Keulenfleisch kommt ins Dunkelbier-Hähnchenragout mit Champignons, die Haut knuspert derweil im Ofen splitterzart auf. Zum Finale gesellen sich noch knapp gegarter Pfannen-Rosenkohl und geröstete Haferflocken dazu. So elegant kann Bierküche sein.

ZUTATEN
für 4 Personen

4 ausgelöste Hähnchenkeulen ohne Knochen (beim Metzger erfragen!)
Salz
5 EL Öl
4 Schalotten
1 Knoblauchzehe
Pfeffer
1 TL Zucker
1 EL Paprikapulver, edelsüß
1–2 TL getrocknetes Bohnenkraut
100 ml Bier
500 ml Hühnerbrühe
200 g Champignons
2 EL kernige Haferflocken
8 Rosenkohlröschen

ZEIT
40 Minuten

ZUBEREITUNG

Ofen auf 200 Grad vorheizen. Haut vom Keulenfleisch abziehen und auf einem tiefen Blech mit Backpapier ausbreiten, leicht salzen. Ein zweites Backpapier auflegen, mit einem zweiten Blech beschweren. Haut im heißen Ofen knusprig backen.

Das ausgelöste Keulenfleisch in je 2 Teile schneiden und in einer Pfanne mit hohem Rand in 4 EL Öl rundum braun anbraten.

Schalotten und Knoblauch pellen, fein würfeln und zugeben. 2 Minuten mitbraten. Mit Salz, Pfeffer und Zucker würzen. Mit Paprikapulver und Bohnenkraut bestreuen, kurz mitbraten. Mit Bier ablöschen und aufkochen. Mit Brühe auffüllen und offen 15–20 Minuten dicklich einkochen.

Geputzte Champignons in einer großen Pfanne ohne Öl braten (die Pilze bekommen dabei eine leicht rauchige Röstnote). Salzen und beiseitestellen. Haferflocken in einer Pfanne ohne Fett hellbraun anrösten, leicht salzen.

Rosenkohl-Strünke großzügig abschneiden und die Blätter einzeln vom Kohl lösen. Das feste helle Innere blättrig zerdrücken. 1 EL Öl in einer Pfanne erhitzen, Rosenkohl zugeben, salzen und 2 Minuten bei mittlerer Hitze schwenken. Warm stellen.

Hähnchenhaut aus dem Ofen nehmen, auf Küchenpapier abtrocknen und in Stücke brechen. Pilze zum Hähnchenragout geben und aufkochen, mit Salz und Pfeffer würzen. Mit Knusperhaut, Rosenkohl und Rösthaferflocken auf vorgewärmten Tellern anrichten und sofort servieren.

BIERSTILE: Stout, Dunkelbier, Porter

DIE BESONDERE EMPFEHLUNG: Samuel Smith's Imperial Stout – ein *match made in heaven*. Eine rare hiesige Alternative: „Imperial Black Prototyp", der jährlich einmal aufgelegte Jubiläumssud der Kreativbrauerei Kehrwieder (s. S. 163).

HOPFENBETONT

PILSENER

Der wohl verbreitetste Bierstil weltweit. Wird untergärig kühl vergoren und hat seinen Siegeszug erst mit der allgemeinen Verfügbarkeit maschineller Kühlung angetreten. Erfrischend herb im Charakter. Wird wegen der Masse seelenloser Industriebiere als Stil gern unterschätzt. Zu Unrecht.

URSPRUNG	Pilsen, Tschechien
CHARAKTER	frisch-herb, hopfig
GÄRUNG	untergärig
ALKOHOLGEHALT	4,5 bis 6 Vol.-%
TRINKTEMPERATUR	6 bis 9 °C
GLASWAHL	Tulpe
REFERENZBIERE	Schönramer Pils, Schönramer „Grünhopfen", Pilsener Urquell, Brauprojekt 777 „Pilsss"
REZEPTE	Bierpizza (s. S. 44), frittierte Fischchen (s. S. 27), gebratener Lauch (s. S. 87), Kalbsherz (s. S. 169) oder -Frikadelle (s. S. 155), Kaninchen (s. S. 152)
STIL-VARIANTEN	Böhmisches Pils (in der Regel malzig-vollmundiger)

Hirsch-Schnitzel mit Kartoffel-Gremolata und Biersauce

HIRSCH-SCHNITZEL MIT KARTOFFEL-GREMOLATA UND BIERSAUCE

In Verbeugung vor dem original Wiener Schnitzel hier eine Abwandlung mit zart-würzigem Hirschfleisch in Kombination mit einer aromatischen Biersauce und zitroniger Kartoffel-Petersilien-Gremolata.

ZEIT

40 Minuten

ZUBEREITUNG

Für die Biersauce: Zwiebeln pellen und in Streifen schneiden. In einer Pfanne im Öl goldbraun braten. Apfel schälen und würfeln. Zucker zu den Zwiebeln geben und schmelzen lassen. Knoblauch pellen, fein würfeln und mit den Apfelwürfeln und dem Thymian unterrühren. 1 Minute schmoren. Mit Bier ablöschen und 5 Minuten offen einkochen. Brühe zugießen und weitere 5 Minuten einkochen. Die Kemm'schen Kuchen darin auflösen. Thymian entfernen. Den Saucenansatz in ein hohes Gefäß umfüllen und pürieren. Dabei die kalte Butter nach und nach zugeben. Sauce mit Salz würzen und in einem Topf warm stellen.

Für die Hirsch-Schnitzel: Hirschfleisch waschen, trocken tupfen, in 8 dünne Schnitzel schneiden, in Mehl wenden, durch das verquirlte Ei ziehen und mit den Bröseln panieren. Schnitzel in einer großen beschichteten Pfanne im heißem Öl von jeder Seite 3–4 Minuten goldbraun backen. Butter zugeben, aufwallen lassen und die Schnitzel noch 1 Minute in der schäumenden Butter schwenken. Die Schnitzel auf Küchenpapier abtropfen lassen und mit Salz würzen. Im heißen Ofen bei 50 Grad warm halten.

Für die Kartoffel-Gremolata: Kartoffeln schälen, würfeln und in einer beschichteten Pfanne im Olivenöl goldbraun braten. Petersilie hacken. Mit der Zitronenschale zu den hellbraun gebratenen Kartoffelwürfeln geben, mit Salz würzen. Die Gremolata auf den Schnitzeln verteilen, Schnitzel mit der Sauce servieren.

BIERSTILE: für die Sauce vorzugsweise Witbier oder Gose, als Begleitung schmeckt auch ein kräftig gehopftes Pils

DIE BESONDERE EMPFEHLUNG: die phänomenale Gose von Fritz Wülfing/Ale-Mania (s. S. 147), die mit ihrer deutlichen Koriandernote, ihrer Säure und Salzigkeit Gremolata und Schnitzel gut begleitet und gleichzeitig der Sauce Tiefe und Substanz verleiht

ZUTATEN

für 4 Personen

Für die Biersauce:

400 g Zwiebeln
2 EL Olivenöl
1 kleiner Apfel
1 EL brauner Zucker
1 Knoblauchzehe
2 Zweige Thymian
330 ml Witbier
500 ml Fleischbrühe
2 Kemm'sche Kuchen*
40 g kalte Butter in Würfeln
Salz

Für die Hirsch-Schnitzel:

400 g Hirschsteak-Fleisch (Keule oder Filet)
4 EL Mehl
1 Ei (L)
120 g Semmelbrösel
5 EL Öl
30 g Butter
Salz

Für die Kartoffel-Gremolata:

150 g gekochte, geschälte Kartoffeln vom Vortag
2 EL Olivenöl
½ Bund glatte Petersilie
1 TL Bio-Zitronenabrieb
Salz

*

Kemm'sche Kuchen *erinnern im Geschmack an Lebkuchen. Seit 1782 werden sie in der Hamburger Konditorei und Bäckerei Kemm hergestellt. Wer keine Kemm'schen Kuchen bekommt,nimmt reinen Lebkuchen oder Spekulatius.*

CREMIGE MALZBIERPOLENTA MIT BRATWURST UND FENCHELSALAT

ZUTATEN
für 4 Personen

Für den Fenchelsalat:
½ TL Fenchelsaat
Saft von 1 Orange
1–2 TL Weißweinessig
2 EL Olivenöl
250 g Fenchelknolle mit Grün
Salz

Für die Polenta mit Bratwurst:
800 ml Hühnerbrühe
100 ml Malzbier
50 g Butter
1 EL Olivenöl
120 g Polenta
100 g Bergkäse
Pfeffer
4–8 grobe Bratwürste
3 EL Öl

Dieses deftige Bergessen aus den italienischen Alpen passt perfekt zu dunklen, malzigen Bieren. Die cremige Käsepolenta schmeckt am besten zu groben Bratwürsten, der Fenchelsalat bringt Frische und Knack.

ZEIT
45 Minuten

ZUBEREITUNG
Für den Fenchelsalat: Fenchelsaat sehr fein mörsern und mit Orangensaft, Essig und Olivenöl zu einer Vinaigrette verrühren. Fenchel fein hobeln oder schneiden, das Grün hacken und alles zur Vinaigrette geben. Mit Salz würzen.

Für die Polenta mit Bratwurst: Hühnerbrühe mit Bier, Butter und Olivenöl aufkochen. Polenta mit einem Schneebesen einrühren. Auf kleiner Hitze 15 Minuten garen, dabei immer wieder mit einem Kochlöffel umrühren.

Bergkäse reiben und unter die Polenta rühren. Mit Salz und Pfeffer würzen. Zugedeckt ziehen lassen, bis die Würste gebraten sind.

Bratwürste in einer Pfanne in heißem Öl bei milder Hitze 10–15 Minuten braten.

Polenta durchrühren, mit Bratwürsten und Fenchelsalat auf vorgewärmten Tellern oder Servierpfännchen anrichten.

BIERSTILE: wenig bittere, malzbetonte Biere wie klassische bayrische Dunkel- oder echte Malzbiere

DIE BESONDERE EMPFEHLUNG: Malzbier von Vormann in Hagen (s. S. 175), eines der wenigen verbliebenen „echten" Malzbiere (1,5% Alkohol) in Deutschland, die ohne Zuckerzusatz gebraut werden. Alternativ das „Ator 20" des Augsburger Brauhauses Riegele.

Cremige Malzbierpolenta mit Bratwurst und Fenchelsalat

Hopfen
und
Malz
Gott
erhalt's

KEHLHEIM, BAYERN

SCHNEIDER WEIßE

DIE VIELFÄLTIGEN

Am Rande des größten zusammenhängenden Hopfenanbaugebiets der Welt liegt das Kreisstädtchen Kehlheim. Ausgerechnet hier wird ein Bierstil gebraut, bei dem das Thema Hopfen bis vor wenigen Jahren meist eher von untergeordneter Bedeutung war.

„Die Genetik des Unternehmens war immer schon so aufgestellt, dass wir Neues wagen!", berichtet Inhaber Georg Schneider VI. und erzählt nicht ohne Stolz, dass ein Ururgroßvater die Braurechte für Weißbier vom bayrischen Königshaus zu einem Zeitpunkt erworben habe, als diese Biere alles andere als en vogue waren. Untergärig gebrautes „Braunbier" war damals gefragt, die Produktion des obergärigen Weißbiers sollte im „Königlich Weißen Hofbräuhaus" gar eingestellt werden. Georg Schneider sei aber von der Zukunft des Weißbiers so überzeugt gewesen, dass er Verhandlungen mit dem bayrischen Hofbräuamt aufnahm. Denn das Recht, Weißbier zu brauen, das sogenannte Bierregal, lag damals noch exklusiv beim bayrischen Königshaus – eine unmittelbare Folge des Reinheitsgebots von 1516, das zum Brauen von Bier einzig Gerste zuließ, nicht zuletzt, um den ernährungsphysiologisch wichtigen Weizen den Bäckern vorzubehalten.

30 Jahre später wurde das Brauen mit Weizen wieder legal – allerdings nur als exklusives Privileg, das verliehen wurde, um ein Fürstenhaus an den Königshof zu binden. Als Georg Schneider I. schließlich das Recht vom bayrischen Königshof erwarb, war er seit fast 500 Jahren der erste Bürgerliche, der in Bayern legal Weißbier brauen durfte. Übrigens: Es ist ein weitverbreiteter Irrtum, dass Weißbier ausschließlich aus Weizenmalz gebraut würde – zum Malzmix eines klassischen Weizen gehören bis zu 50% Gerstenmalz.

Doch zurück zum Hopfen. Der spielt eigentlich, wie schon erwähnt, im Aromenprofil eines Weißbiers eine nachgeordnete Rolle. Es dominieren die von der Hefe während der Gärung produzierten Frucht- und Gewürzaromen. Allen voran die Leit-Aromen von Banane und Nelke, deren gekonnte Balance die Qualität eines wirklich guten Weißbiers ausmacht. Doch als Schneiders Braumeister Hans-Peter Drexler auf einer Reise in die USA die damals noch recht neue Welt amerikanischer Aromahopfen kennenlernte, hatte er eine Idee: Insbesondere die intensive Zitrusfrucht des Cascade hatte Drexlers Aufmerksamkeit erregt. Damals war es noch recht verbreitet, Kristallweizen mit einer Zitronenscheibe zu servieren – aromatisch eine durchaus sinnvolle Ergänzung, von vielen Brauern aber dennoch als die feinen Bier-Aromen übertünchende Unart betrachtet. Warum aber nicht die durchaus stimmigen Zitrusaromen über den Hopfen ins Bier integrieren? Die Konsequenz dieses Gedankens war die im Jahr 2000 erstmals in dieser Rezeptur gebraute Wiesen-Edelweiße. Ein Weizen mit frisch-herber Note, unter anderem gehopft mit amerikanischem Cascade – gebraut zu einem Zeitpunkt, als die Themen Craft- Bier und insbesondere Aromahopfen hierzulande noch weitgehend unbekannt waren. Das Bier ist noch heute auf dem Markt – inzwischen bio-zertifiziert und unter dem Namen „Tap 4 – mein Grünes".

Ein weiterer wichtiger Meilenstein, der nachhaltige Wirkung im Produktportfolio hinterließ, folgte 2007: der erste Gemeinschaftssud mit einem amerikanischen Craft-Bier-Brauer auf deutschem Boden. Garrett Oliver, der Braumeister der New Yorker Brooklyn Brewery, war ein langjähriger Freund von Inhaber Schneider und Braumeister Drexler. Nachdem man schon oft über die Möglichkeit eines *collaboration brew* nachgedacht hatte, kam 2007 endlich die Umsetzung in die Praxis. *„Damals war's ein Experiment mit einem wahnsinnig lieben Menschen"*, berichtet Georg Schneider. Der Plan: Sowohl in Kehlheim als auch in New York sollte nach gleicher Rezeptur, aber mit Rohstoffen des jeweiligen Kontinents ein gehopftes Weizen gebraut werden. *„Wir haben gewettet"*, berichtet Georg Schneider, *„ich war überzeugt davon, dass die Resultate recht ähnlich ausfallen würden. Garrett vom Gegenteil."* Es sollte der Amerikaner sein, der Recht behielt. Die beiden Sude waren von ihrem Charakter deutlich unterschiedlich. Neben dem Terroir-Gedanken für Hopfen und Malz ist dies sicherlich auch ein Zeichen dafür, wie groß die Bedeutung der verwendeten lokalen Hefen für die Aromatik eines Weißbiers ist. Das Ergebnis des Kehlheimer Sudes war zudem so überzeugend, dass es ebenfalls Aufnahme ins Produktportfolio fand: unter dem Namen „Tap 5 – meine Hopfenweiße". Was zur Produkteinführung bei Traditionalisten noch Kopfschütteln hervorrief, hat sich längst etabliert. Mehr noch, das hopfengestopfte Weizen ist zum Vorbild eines neuen Stils kaltgehopfter Weißbiere geworden.

Die stete Innovationskraft und Experimentierfreude des Gespanns Schneider und Drexler manifestiert sich an vielen Stellen. So kommt bei der Gärung auch einmal belgische Saison-Hefe zum Einsatz (mit dem Resultat eines besonders trockenen, durchgegorenen Weißbiers) oder man experimentiert bei der jährlich in limitierter Auflage erscheinenden Reihe Tap X mit der Lagerung und Reifung in Barrique-Fässern. Stolz ist man auch auf die Etiketten. Nach vergeblichen Anläufen mit diversen Agenturen hat sie schließlich Georg Schneider, der kreative Kopf des Unternehmens, selbst entworfen. *„Geschmack hat auch eine objektive Komponente"*, sagt Schneider, *„Und die Farbtafeln vermitteln dem Konsumenten eine Ahnung davon, was ihn mit dem Bier erwartet!"*

Der sicherlich nicht immer einfache Spagat zwischen dem Wahren der Tradition – unter dem Namen „Tap 7 – unser Original" ist das „Ur-Weizen" der Schneiders nach wie vor im Programm – und den zukunftssichernden Innovationen gelingt den Kehlheimern gut. Kein Wunder – auch hierin hat man lange Übung. Die erste große Innovation stammt immerhin aus dem Jahre 1907 und geht auf Georg Schneiders Urgroßmutter Mathilde zurück: der älteste Weizendoppelbock Bayerns, heute als „Tap 6 – unser Aventinus" auf der Produktliste. Als wir zu Besuch sind, tagt gerade die Verkostungsrunde. In Kehlheim werden regelmäßig Biere aus aller Welt verkostet, um den Blick und Geist offen zu halten für neue Strömungen und Entwicklungen in der Bierwelt – Georg Schneider VI. verspricht: *„Wir gehen auch weiter neue Wege!"*

DIE GENETIK DES UNTERNEHMENS WAR IMMER SCHON SO AUFGESTELLT, DASS WIR NEUES WAGEN!

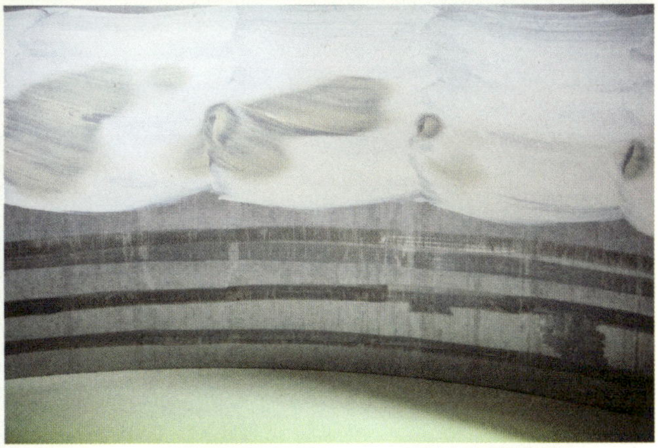

Salted Meat Bagel „Brick Lane“

SALTED MEAT BAGEL „BRICK LANE"

In einer jüdischen Bäckerei in der Brick Lane in London aß ich vor Jahren einen SALTED MEAT BEIGEL. 24 Stunden täglich wird dort die Spezialität des Hauses gereicht: heißes gepökeltes Rindfleisch, in großen Lappen auf einen frischen, eher weichen Bagel gelegt und dick mit knallscharfem Senf bestrichen.

ZEIT
20 Minuten

ZUBEREITUNG

Ofen auf 200 Grad vorheizen.

Kohl in möglichst feine Streifen schneiden. Mit Essig, Öl, Nussöl, Salz und Zucker marinieren und weich kneten.

Bagels mit Wasser besprenkeln und auf einem Blech im heißen Ofen von jeder Seite 5 Minuten aufbacken, dabei einmal wenden.

Brühe erhitzen, die Fleischscheiben in der Brühe warm ziehen lassen, nicht kochen. Bagels aufschneiden, üppig mit Krautsalat und Fleisch belegen, Fleisch mit Senf bestreichen und die Bagels sofort servieren.

BIERSTILE: Pale Ale, Ale, Lager, Porter ... zum deftigen Bagel harmonieren viele Bierstile.

DIE BESONDERE EMPFEHLUNG: passend zur Inspiration ein Bier aus London – das kräftige-dunkle „IPA black" von Kernel (s. S. 65) – eine höchst gelungene Fusion von IPA-typischer fruchtiger Bitterkeit mit eher untypischen röstigen Malzaromen

ZUTATEN
für 4 Personen

350 g Spitzkohl
1–2 EL Weißweinessig
3 EL Olivenöl
1 EL Nussöl
Salz
Prise Zucker
4 Sesam-Bagels
500 ml Rinderbrühe
4 dickere Scheiben (8 mm, ca. 400 g) Pastrami*
Dijon-Senf

*

Pastrami
(aus dem Rumänischen: pastrama von pastra = pressen, einmachen, konservieren) nennt sich das gewürzte, gepökelte, geräucherte und gedämpfte Rindfleisch aus der jüdisch-amerikanischen Kochkultur. Rumänische Auswanderer brachten das Traditionsrezept nach New York, dort liebt man das saftig rauchige Fleisch insbesondere auf üppig belegten Pastrami-Sandwiches, die auch hierzulande immer populärer werden.

GEBRATENE BLUTWURST-STULLE MIT SPIEGELEI UND PETERSILIENSALAT

ZUTATEN
für 4 Stullen

Für den Petersiliensalat:
½ Bund glatte Petersilie
einige Spritzer Kräuteressig (alternativ Weißweinessig)
2 EL Olivenöl
Salz
schwarzer Pfeffer aus der Mühle

Für die Blutwurststullen:
4 Scheiben Gersterbrot* (alternativ anderes Lieblingsbrot)
weiche Butter zum Bestreichen
scharfer Senf zum Bestreichen
4 Scheiben Blutwurst zum Braten (beim Metzger erfragen) à 60–80 g
3 EL Öl
4 Eier
Salz
schwarzer Pfeffer aus der Mühle

*

Gersterbrot
ist ein besonders würziges, zweifach gebackenes Sauerteig-Roggenmischbrot, das sich insbesondere in Niedersachsen, Bremen und Hessen größter Beliebtheit erfreut.

Gebratene Blutwurst aus der Pfanne, mit einem Spiegelei getoppt und auf Roggen-Butterbrot mit scharfem Senf serviert, dazu gibt es Petersiliensalat und kräftiges Bier. Neues Lieblingsabendbrot!

ZEIT
20 Minuten

ZUBEREITUNG

Für den Petersiliensalat: Petersilie unter lauwarmem Wasser waschen und trocken schleudern. Die Zweige mundgerecht von den Stielen zupfen. Mit Essig und Olivenöl marinieren, mit Salz und Pfeffer würzen. Beiseitestellen.

Ofen auf 80 Grad erwärmen.

Für die Blutwurststulle: Brotscheiben mit Butter und Senf bestreichen. Blutwurstscheiben in einer beschichteten Pfanne in 2 EL heißem Öl von jeder Seite 1–2 Minuten scharf braten.

Auf einem Teller im Ofen warm stellen. 1 EL Öl in die Pfanne geben und die Eier hineinschlagen. In 4–6 Minuten zu Spiegeleiern braten. Mit Salz und Pfeffer würzen.

Brotscheiben mit Blutwurst und Spiegeleiern belegen, mit Petersiliensalat servieren.

BIERSTILE: Biere mit kräftiger Aromatik (hopfen-, malz- oder hefebetont) wie Alt, Märzen oder ein belgisches Spezial

DIE BESONDERE EMPFEHLUNG: Uerige (s. S. 191) „Sticke", eine mit 6% Alkohol stärker eingebraute Variante des legendären Düsseldorfer Altbiers

Gebratene-Blutwurst-Stulle mit Spiegelei und Petersiliensalat

CHEESEBURGER MIT BIERZWIEBELN UND MUSTARD-KETCHUP

Goldglänzend schmilzt der Cheddarkäse über dem gebratenen Hack, in Bier geschmorte Zwiebeln und süßscharfer Mustard-Ketchup geben zusätzlich Geschmack und Würze. Dazu noch ein Bier, bitte!

ZUTATEN
für 4 Personen

Für die Bierzwiebeln:
600 g Zwiebeln
2 EL Öl
Salz
1 Knoblauchzehe
1 Msp. geräuchertes Paprikapulver*
200 ml Bier
1 EL Zuckerrübensirup
schwarzer Pfeffer aus der Mühle

Für den Mustard-Ketchup:
4 EL Ketchup
3 EL grober Senf
1 EL scharfer Senf

Für den Cheeseburger:
500 g grobes Rinderhack (Brust, Querrippe und/oder Hals)
Olivenöl zum Braten
Salz
4 Scheiben Cheddar
4 Burgerbrötchen
dänische Gewürzgurken in Scheiben (wahlweise Gewürzgurken)

*

Geräuchertes Paprikapulver *ist als herkunftsgeschütztes „Piménton de la Vera" in drei Schärfestufen erhältlich: dulce (mild und süß), agridulce (süß-scharf) und picante (sehr scharf). Die „Räucherkraft" des Paprikapulvers ist nicht zu unterschätzen, würzen Sie umsichtig.*

ZEIT
35 Minuten

ZUBEREITUNG
Für die Bierzwiebeln: Zwiebeln pellen und in Streifen schneiden. Zwiebelstreifen in einer großen Pfanne ins heiße Öl geben, salzen und bei mittlerer Hitze 8–10 Minuten goldbraun schmoren. Knoblauch schälen, würfeln und zugeben. Mit Paprikapulver bestäuben. Bier und Zuckerrübensirup zugeben. Offen dicklich einkochen. Mit Pfeffer und evtl. noch etwas Salz abschmecken und warm stellen.

Für den Mustard -Ketchup: Ketchup mit grobem und scharfem Senf glatt rühren.

Für den Cheeseburger: Ofen auf 100 Grad vorheizen. Hack zu 4 Patties formen und in einer Pfanne mit wenig Olivenöl von jeder Seite 2–3 Minuten braten (medium rare). Erst nach dem Wenden mit Salz würzen. Käse auf die Patties verteilen, Pfannendeckel aufsetzen, die Pfanne vom Herd ziehen und den Käse schmelzen lassen.

Inzwischen Brötchen halbieren, mit den Schnittflächen nach oben auf ein Blech mit Backpapier legen und im heißen Ofen 3–4 Minuten erwärmen. Unterseiten der Brötchen mit Mustard-Ketchup bestreichen. Patties auflegen, mit Gurken und Bierzwiebeln toppen. Deckel aufsetzen und die Cheeseburger sofort servieren.

BIERSTILE: hopfenbetonte, kräftige Biere wie Ale, Alt, Red und India Pale Ale

DIE BESONDERE EMPFEHLUNG: ein klassisches IPA wie das Sierra Nevada (s. S. 221) „Torpedo Extra" oder der „Backbone-Splitter" von HansCraft & Co., das hervorragende IPA des Aschaffenburgers Hans Müller

Cheeseburger mit Bierzwiebeln und Mustard-Ketchup

ICH MISSIONIERE JA EIGENTLICH SCHON SEIT ENDE DER 1980ER.

BONN, DEUTSCHLAND

ALE-MANIA

DAS URGESTEIN

Als wir Fritz und Heike Wülfing in Bonn besuchen, treffen wir auf eine Brauerei im Aufbruch – im wahrsten Sinn des Wortes. Denn die bisherigen Räumlichkeiten von Ale-Mania müssen sie verlassen. Neue sind schon in Sicht.

Als wir am Nachmittag beim vom Braumeister Fritz Wülfing liebevoll selbst gerührten herzhaften Käse-Pfannkuchen zusammensitzen und den Tag Revue passieren lassen, sind er und seine Frau Heike hochzufrieden. Aus dem Hobby von einst wird in naher Zukunft eine „richtige" Brauerei mit eigener Braustätte geworden sein. Am Vormittag hatten wir die beiden in den alten Räumen von Ale-Mania getroffen und waren dann ins Siegburger Brauhaus gefahren, wo Wülfing zur Zeit als „Kuckucksbrauer" zu Gast ist. Gerade eben hatte er zusammen mit dem Vermieter und dem Bauamt die zukünftigen Räumlichkeiten seiner Brauerei besichtigt und abgesprochen, was noch zu tun ist, um dort seine Produktionsstätte errichten zu können.

Eine lange Geschichte wird damit ein folgerichtiges Happy End finden. Ende der 1980er Jahre begann Wülfing, sich auf die Suche nach Bieren zu machen, die seinem Geschmack entsprechen. Irgendwann stieß er auf die kräftig gehopften Biere der damals schon in voller Blüte stehenden amerikanischen Craft-Bier-Szene. Was er dort zu probieren bekam, beeindruckte ihn so sehr, dass er selbst mit Hobbybrauen begann. Eine Ausbildung zum Biersommelier schloss sich an.

Wülfing ist ausgesprochener Hopfenfan. Das merkt man seinen Bieren schon beim ersten Schluck deutlich an. Auch, wenn inzwischen andere Bierstile – beispielsweise eine bemerkenswert feine und eigenständige Gose, aber auch diverse Stouts – zum Brauportfolio dazugekommen sind, seine *signature brews* sind ganz ohne Zweifel immer noch das Ale und das India Pale Ale. Es ist alles andere als ein Zufall, dass er mit diesen kräftig hopfendominierten Bierstilen bekannt geworden ist. *„Ich braue nur Biere, die mir persönlich gut schmecken!"*, sagt Wülfing und spricht beim Geschmack – nicht ohne ein wenig Koketterie – von *„einer gewissen Schnittmenge mit anderen Biertrinkern"*. So kann man das natürlich auch ausdrücken. Man kann aber auch sagen, dass seine Sude stets mit zu den ersten gehören, die genannt werden, wenn von den besten IPAs Deutschlands die Rede ist.

Sicher mit ein Faktor für die hohe Qualität ist die lange Erfahrung, die Wülfing inzwischen mit diesem Stil hat. Er war einer der

ICH BRAUE NUR BIERE, DIE MIR PERSÖNLICH GUT SCHMECKEN.

Ersten hierzulande, der IPAs gebraut hat. Ursprünglich unter dem Namen „Fritz-Ale“, den er zugunsten des Softdrink-Herstellers mit gleichem Vornamen aufgeben musste. Jetzt eben unter dem sicher auch programmatisch zu verstehenden Label „Ale-Mania“. Und nach wie vor entwickelt sich sein IPA weiter: *„Er wird immer besser!“*, meint auch Jon Brus vom größeren niederländischen Kollegen de Molen zu uns, als wir bei unserem Besuch dort auf Wülfings Biere zu sprechen kommen. Heute sind die Ale-Mania-Biere getragen von einer tief integrierten und alles andere als vordergründigen, substantiellen Bitterkeit.

Bis das eigene Sudwerk – weitestgehend eine Eigenkonstruktion, schließlich ist Wülfing studierter Verfahrenstechniker – in den neuen Räumen steht, wird er weiter zu Gast bei anderen Brauern sein. In Peter Essers Braustelle in Köln-Ehrenfeld beispielsweise oder eben bei Ulrich Karl Tröger im Siegburger Brauhaus. In den eigenen Räumen wird dann hoffentlich auch wieder die liebevoll umgebaute alte Dosenverschluss-Maschine zum Einsatz kommen. Eine nagelneue wäre für die zwar professionell geführte, aber nach wie vor im Nebenerwerb betriebene Brauerei viel zu teuer gewesen. Doch der angefragte Hersteller hatte noch eine alte, ausrangierte herumstehen. Und hat sie – nachdem Wülfing ihm erklärt hatte, warum und wofür er sie brauchte – kurzerhand angepasst.

Auch beim Thema Dose ist Wülfing Pionier und – genau wie bei Craft-Bier allgemein oder den logischen Brüchen beim Reinheitsgebot – überzeugter Missionar. Aus qualitativen Gründen gibt es zum Abfüllen von Bier für ihn nichts Besseres als das fälschlicherweise oft als minderwertig betrachtete Füllmedium. Vor allem, weil Dosen im Gegensatz zur Flasche absolute Sicherheit gegen den Bier-Aromenkiller Nummer eins bieten: UV-Licht. Und auch die Energie-Bilanz der Aludose sieht – sachgemäßes Recycling vorausgesetzt – gar nicht mal so schlecht aus. So füllt Fritz Wülfing – inklusive der Dosengärung zur abschließenden Kohlensäure-Produktion – vorurteilsfrei und pragmatisch seine „Gose in die Dose“.

ICH MÖCHTE GERN MORGENS IN DIE BRAUEREI KOMMEN UND DENKEN: WAS FÜR EIN BIER BRAUE ICH DENN HEUTE.

Was dem Bonner Craft-Bier-Pionier ebenfalls sehr wichtig ist, ist der kollegiale und kollaborative Geist, der Spirit, der Bewegung. Mit vielen seiner Kollegen hat er schon Gemeinschaftssude gebraut, mit Sebastian Sauer von Freigeist oder dem Berliner Johannes Heidenpeter beispielsweise, viele jüngere Hinzugekommene hat er mit seinem Wissen und seiner Erfahrung unterstützt. Nicht zuletzt aus diesem Grund hat er mit seiner Frau Heike 2014 auch ein eigenes Buch veröffentlicht (*Craft-Bier selber brauen – Revolution der Heimbrauer/ Edition Lampertz*), das wir allen, die tiefer in die Materie einsteigen oder vielleicht sogar selbst einmal einen Sud ansetzen wollen, wärmstens empfehlen.

40
60
20
80
0
100
C

AM
ALE*MANIA
craftbeer
Session IPA

Pilsnermalz
Weizenmalz
Karamellmalz
Perle
Koriander
Milchsäure
Meersalz
AM
ALE*MANIA
craftbeer
Zutaten:
Wasser,
Gerstenmalz,
Hopfen,
Koriander,
Meersalz,
Milchsäure, Hefe
Biersmarck GmbH
Gerichtsweg 30
53227 Bonn
Mindestens
haltbar bis:
31 März 2016
Dosengärung
14 IBU
12° Plato
Alk. 5,1 % Vol.
℮ 0,33l
Die Gose
in der Dose
www.ale-mania.de

AM
ALE-MANIA
craftbeer
Die Gose
der Dose
AM
ALE-MANIA
craftbeer
Session IPA
AM
ALE-MANIA
craftbeer
Red Ale

KANINCHEN „THE WHOLE BEAST" MIT LAUCH, BIRNEN UND BIER

ZUTATEN
für 4 Personen

1 küchenfertiges Kaninchen
1 Bund Suppengrün
1 Lorbeerblatt
Salz
2 Zwiebeln
6 Knoblauchzehen
1 TL Zucker
250 ml helles Bier
1 Zweig Rosmarin
2 Zweige Thymian
1 kleine Stange Lauch
1–2 kleine Birnen
2 EL Olivenöl
1 TL Butter
schwarzer Pfeffer aus der Mühle

Hier wird das ganze Kaninchen verwendet: Aus den Bauchlappen und Filets entstehen Rouladen, die Keulen schmoren butterzart dazu. Leber und Nieren werden separat gebraten.

ZEIT

30 Minuten (plus ca. 70 Minuten Garzeit)

ZUBEREITUNG

Keulen vom Kaninchen trennen, Filets auslösen. Innereien von Fett und Sehnen befreien und kalt stellen. Bauchlappen vom Kaninchen schneiden, Fett abziehen. Knochen in Stücke hacken.

Suppengrün putzen, waschen und klein schneiden. Mit Knochen und Lorbeerblatt in einen hohen Topf geben. Mit 1 l kaltem Wasser und einer Prise Salz aufkochen. Den entstandenen Schaum entfernen, Fondansatz 20 Minuten leise köcheln lassen.

Filets in die Bauchlappen einwickeln und mit Küchengarn zusammenbinden. Kaninchenfett in einem Bräter schmelzen. Keulen rundum goldbraun anbraten, Bauchlappen-Rouladen dazugeben. Zwiebeln und Knoblauch pellen. Zwiebeln in Streifen geschnitten, Knoblauch im Ganzen zugeben und ebenfalls kurz mitbraten. Zucker zugeben, salzen und mit Bier ablöschen. 2 Minuten offen kochen.

Ofen auf 200 Grad vorheizen. Kaninchenbrühe durch ein Sieb passieren und 500 ml abmessen. Brühe zum Kaninchen gießen. Rosmarin und Thymian zugeben, Bräter auf einem Gitter in den Ofen schieben.
30 Minuten garen. Lauch in Scheiben schneiden, gründlich waschen. Abtropfen lassen. Birnen in Spalten schneiden, entkernen. Beides zum Kaninchen geben, salzen, unterrühren, 10 Minuten weiter garen.

Währenddessen Nierchen halbieren, Leber vierteln und im heißen Olivenöl scharf anbraten. Die Hitze reduzieren, die Butter zugeben und die Innereien bei mittlerer Hitze 3–4 Minuten weiter braten. Mit Salz und Pfeffer würzen und zum Kaninchen servieren.

BIERSTILE: Weizenbier, Pils, Kölsch

DIE BESONDERE EMPFEHLUNG: „Von Mühlen" von der Brauerei zur Malzmühle in Köln. Leider wird die hell bernsteinfarbene, mit Champagnerhefe auf der Flasche vergorene Spezialität nur gelegentlich in limitierter Auflage gebraut. Gängigere Alternative: die ebenfalls bernsteinfarbene Schneider Weiße (s. S. 135) „Tap 7 – unser Original".

Kaninchen „the whole beast"

Kalbsfrikadellen mit Rahmpilzen

KALBSFRIKADELLEN MIT RAHMPILZEN

Pilze der Saison in einer feinen Rahmsauce, die mit getrockneten Steinpilzen und etwas Bier aromatisiert ist, dazu gib es Frikadellen.

ZUTATEN
für 4 Personen

1 Zwiebel
1 Knoblauchzehe
2 EL Butter
6 EL Öl
300 ml helles Bier
60 g Semmelbrösel
10 g getrocknete Steinpilze (alternativ gemischte getrocknete Pilze)
500 g Kalbshack
1 Ei
Salz
1 Schalotte
450 g gemischte Pilze (z.B. Champignons, Kräuterseitlinge, Shiitakepilze)
250 ml Sahne
einige Zweige Petersilie
Prise Zucker
weißer Pfeffer aus der Mühle
Spritzer Zitronensaft

ZEIT
40 Minuten

ZUBEREITUNG

Zwiebel und Knoblauch pellen und fein würfeln. 1 EL Butter und 1 EL Öl in einer Pfanne erhitzen, Zwiebel und Knoblauch darin glasig dünsten. 150 ml Bier zugießen und offen 5 Minuten kochen. Semmelbrösel einrühren, salzen und die Mischung in einer großen Schüssel abkühlen lassen. Die getrockneten Steinpilze in einem Topf in 400 ml Wasser 5 Minuten offen kochen, beiseitestellen.

Ofen auf 80 Grad vorheizen. Fleisch mit dem Ei zur ausgekühlten Brösel-Mischung geben, mit Salz würzen und glatt kneten. Mit befeuchteten Händen 8 Frikadellen formen. 1 EL Butter und 3 EL Öl in einer großen beschichteten Pfanne erhitzen, Frikadellen darin bei mittlerer Hitze 10 Minuten braten, dabei öfter wenden. Auf einer Platte in den heißen Ofen stellen.

Für die Sauce Schalotte pellen und fein würfeln. Im Frikadellen-Fett glasig dünsten. Mit dem übrigen Bier ablöschen und 5 Minuten offen kochen. Derweil Pilze putzen und mundgerecht stückeln. Steinpilzfond durch ein Sieb passieren und zugießen. In 6–8 Minuten dicklich einkochen. Sahne zugießen und nochmals 6–8 Minuten dicklich einkochen.

Inzwischen die geputzten Pilze in einer zweiten großen Pfanne in 2 EL sehr heißem Öl in 6–8 Minuten goldbraun braten (sollte Wasser austreten, einfach verkochen lassen und dann weiter braten). Sauce in einen hohen Topf umfüllen und mit einem Schneidstab feinschaumig pürieren. Petersilie fein hacken und mit den Pilzen unter die Sauce ziehen. Mit Salz, Zucker, Pfeffer und Zitronensaft würzen. Pilzragout zu den Frikadellen aus dem Ofen servieren.

BIERSTILE: Kölsch, Helles, mildes Pils, Rotbier, Red Ale

DIE BESONDERE EMPFEHLUNG: „Triple 7 Red Ale“ des Brauprojekts 777 aus Voerde am Niederrhein. Die komplexe Hopfen-Aromatik des – leider recht raren – Ausnahme-Ales unterstützt den höchst harmonischen Kalb-/Pilz-/Sahne-Aromenakkord auf das Allerfeinste.

MALZBETONT

BOCK

Ursprünglich eine saisonale Starkbierspezialität zu Frühjahr (heller Maibock) oder Herbst/Winter. Vor allem in Bayern verbreitet. Kräftig intensiv in Alkohol und Aromatik, deutlich wahrnehmbare Restsüße. Füllig-komplex am Gaumen. Der Name geht auf das niedersächsische Einbeck zurück.

URSPRUNG	Einbeck, Deutschland
CHARAKTER	malzig süß, vollmundig
GÄRUNG	untergärig
ALKOHOLGEHALT	6,5 bis 7,5 Vol.-% (Doppelbock auch mehr)
TRINKTEMPERATUR	8 bis 10 °C
GLASWAHL	Stout-Glas (dunkel)  Tulpe (hell) 
REFERENZBIERE	Weltenburger Asam Bock, Einbecker Ur-Bock
REZEPTE	Pulled Pork (s. S. 173), Bierrippchen (s. S. 189), Jus-Rundstück (s. S. 181)
STIL-VARIANTEN	Mai-, Weihnachts- oder Doppelbock; Eis- und Weizenbock

BRATWÜRSTE AUS DEM ZWIEBELSUD

ZUTATEN
für 4 Personen

Für die Bratwürste:
600 g Zwiebeln
1 EL Senfkörner
1 TL weiße Pfefferkörner
8 Wacholderbeeren
100 ml milder Bieressig (wahlweiße Weißweinessig)
100 ml helles Vollbier
Salz
1 EL Zucker
1 Gewürznelke
2 Lorbeerblätter
8 rohe, mittelgrobe Bratwürste
4 Zweige Petersilie

Für die Meerrettich-Butterbrote:
4 Scheiben Bauernbrot (wahlweise Kümmelbrot oder anderes Lieblingsbrot)
weiche Butter zum Bestreichen
Salz
etwas frische Meerrettich-Wurzel

*

Paradieskörner, auch Guineapfeffer genannt, waren wegen ihres scharfen Geschmacks im Mittelalter als Pfefferersatz beliebt. Heute finden die auch an Kardamom, Zimt und Nelke erinnernden Körner in Gewürzbieren, Lebkuchen oder Würsten Verwendung.

Dieses Gericht ist von den fränkischen „Blauen Zipfeln" inspiriert. Im Original werden echte Nürnberger Würstchen in deftigem Zwiebelsud mit Weißwein, Essig und Gewürzen langsam gar gezogen, dabei erbleichen die roh eingelegten Bratwürste und bekommen den namensgebenden, leicht bläulichen, Ton.

ZEIT
40 Minuten

ZUBEREITUNG
Für die Bratwürste: Zwiebeln pellen und in feine Ringe oder Streifen schneiden. Senfkörner, Pfefferkörner und Wacholderbeeren in einem Mörser leicht andrücken. 800 ml Wasser, Essig und Bier kurz aufkochen, mit Salz und Zucker würzen. Zwiebeln, Senfsaat, Pfeffer, Wacholder, Nelke und Lorbeer zugeben. Bei mittlerer Hitze 10 Minuten zugedeckt köcheln. Würste zugeben und bei milder Hitze 20 Minuten ziehen lassen.

Für die Meerrettich-Butterbrote: Brotscheiben mit Butter bestreichen und leicht salzen. Meerrettich mit einem Sparschäler schälen. Mit dem Rücken eines Messers in dünne Späne schaben, wahlweise auf einer Reibe fein raspeln und über die Butterbrote streuen.

Würste mit etwas Zwiebelsud in tiefen Tellern anrichten, Petersilie grob hacken und drüber streuen. Mit den Meerrettich-Butterbroten servieren.

BIERSTILE: helles Voll- und Kellerbier, helles Weizen, Kölsch, Witbier oder Gose

DIE BESONDERE EMPFEHLUNG: Ein Bier im Stile eines belgischen Witbiers wie das „Hitachino Nest White Ale" aus Japan, dessen stiltypischen Noten von Koriander und Orangenschale eine feine Ergänzung des Zwiebelsuds ergeben. Eine Alternative im gleichen Stil aus Deutschland: „Kuehnes Blondes" von Kuehn, Kunz, Rosen, das mit Hafer- und Weizenflocken sowie Koriander und Paradieskörnern* eingebraut wird.

Bratwürste aus dem Zwiebelsud

Risotto mit Birnen, Bier, Speck und Radicchio

RISOTTO MIT BIRNEN, BIER, SPECK UND RADICCHIO

Dieses aromenstarke Risotto verbindet die Würze von Parmesan und Speck mit der süßen Frucht der Birne, dazu kommen die leichten Bitternoten von Radicchio und Bier: einfach, raffiniert und zum Weggabeln gut.

ZUTATEN
für 4 Personen

80 g Zwiebel
1 Knoblauchzehe
250 g Risottoreis
4 EL Olivenöl
100 ml Bier
50 ml Birnensaft
1 l heiße Geflügelbrühe
150 g durchwachsener Speck
½ kleiner Radicchio
2 Frühlingszwiebeln
2 kleine Williams-Birnen
40 g Butter
60 g frisch geriebener Parmesan
Salz
weißer Pfeffer aus der Mühle

ZEIT
35 Minuten

ZUBEREITUNG
Zwiebel und Knoblauch pellen, würfeln und in einem Topf mit dem Reis in 3 EL Olivenöl glasig dünsten. Mit Bier und Birnensaft ablöschen und aufkochen. Etwas von der heißen Brühe zugeben. Unter Rühren garen, bis die Flüssigkeit fast verschwunden ist. Erneut etwas Brühe zugeben. Auf diese Weise das Risotto in ca. 25–30 Minuten gar kochen.

Nebenbei den Speck in Streifen schneiden. Radicchio mundgerecht schneiden. Frühlingszwiebeln schräg in feine Scheiben schneiden. Birnen ungeschält sechsteln, Kerngehäuse entfernen.

Restliches Olivenöl in einer Pfanne erhitzen, Speck darin knusprig ausbraten. Birnenschnitze zugeben und 1 Minute mitbraten. Radicchio zugeben, ebenfalls 1 Minute mitbraten. Frühlingszwiebeln unterrühren. Nicht salzen (der Speck bringt genug Salz mit).

Risotto mit Butter und zwei Drittel des Parmesans glatt rühren, mit Salz und Pfeffer würzen. Mit den Speck-Birnen toppen und mit dem übrigen Parmesan bestreut servieren.

BIERSTILE: Hellere Biere mit hopfenbitterer Note. Helles, Pils, Pale Ale.

DIE BESONDERE EMPFEHLUNG: Der „Prototyp“ der Hamburger Kreativbrauerei Kehrwieder (s. S. 163). Die höchst gelungene Fusion der Hopfigkeit eines Pils mit der fruchtigen Aromatik eines Ale fügt sich harmonisch zu Birne, Speck und Risotto sowie dem leicht bitteren Radicchio.

ICH LIEBE BIER – MAN KÖNNTE AUCH SAGEN, ICH LEBE BIER.

HAMBURG, DEUTSCHLAND

KEHRWIEDER KREATIVBRAUEREI

DER PROTOTYP

Als wir Oliver Wesseloh an seinem neuen Standort besuchen, treffen wir – einmal mehr auf unserer Reise – auf eine Brauerei in den Startlöchern. Das aus alten Milchtanks selbst entwickelte 5-hl-Sudwerk steht bereit, sobald die letzten Leitungen und Kabel verlegt sind, kann die Produktion starten …

Viele Protagonisten der Craft-Bier-Szene haben als Hobbybrauer begonnen, sich im Laufe der Jahre eine Menge Brauexpertise und -Erfahrung im kleinen Maßstab erarbeitet, um dann mit den ersten Erfolgen und der entsprechenden Nachfrage aus dem Freundes- und Bekanntenkreis den Sprung hin zur Professionalisierung zu wagen. Bei Oliver Wesseloh, dem Kopf hinter der Kehrwieder Kreativbrauerei, ist das anders. Wesseloh ist Dipl.-Ingenieur für Brauwesen, mithin ausgewiesener Profi. Und die eigene Brauerei in Hamburg-Harburg ist für das Familienunternehmen Kehrwieder – neben Wesseloh arbeiten auch seine Frau Julia und seine Mutter mit am Projekt – der letzte Schritt einer langen, aber folgerichtigen Reise.

Zum Craft-Bier gefunden oder, wie er es ausdrückt, *„das Licht gesehen"*, hat er während seiner Wanderjahre auf dem amerikanischen Kontinent. Er war zuerst in der Karibik, dann in Südamerika und ab 2010 schließlich in Miami/Florida aktiv – vor allem die letzte Station hat ihn geprägt: *„Die Kreativität und Geschmacksvielfalt der amerikanischen Craft-Brauer hat mich nachhaltig beeindruckt!"*

Als Wesseloh im Jahr 2012 mit seiner Familie nach Deutschland zurückkehrt, beginnt er mit dem Aufbau der Brauerei. Im gleichen Jahr absolviert er eine Ausbildung zum Biersommelier, um der eher technischen Perspektive des Ingenieurs den vermittelnden und vor allem genussvolleren Blick des Präsentators hinzuzufügen.

Gleich sein erstes Bier mit der eigenen Brauerei wird zum großen Wurf: Das „Prototyp", ein *„Pils auf Steroiden"*, wie Wesseloh das Bier charakterisiert, stößt auf Begeisterung. Das untergärig gebraute Lager – in Craft-Bier- und Mikrobrauerkreisen als Stil eher selten, weil man dafür Kühlung und mithin teure Technik während der Gärung braucht – wird sieben Wochen lang auf zwei Aromahopfen gelagert und entwickelt währenddessen eine einzigartig feine Balance aus der kühlen Klarheit eines Pils und der fruchtigen Aromenintensität eines Ales. Ideal auch als Einstieg in die Welt des *craft beer* – ein Begriff, dessen unkritische Übernahme aus dem Amerikanischen Wesseloh nicht ganz unproblematisch sieht. Folge man der auf Brauvolumen basierenden amerikanischen Definition, produziere nahezu jede Brauerei hierzulande Craft-Bier.

Doch zurück zu ihm selbst: Neben dem Erfolg des Prototyps sollte 2013 auch zu einem Erfolgsjahr in ganz unerwarteter Richtung werden: Als Wesseloh im September 2013 an den Weltmeisterschaften für Biersommeliers teilnimmt – *„eigentlich nur, um Kollegen zu treffen und mich auszutauschen"*, wie er sagt – erreicht er völlig überraschend das Finale und wird schließlich zum besten Vertreter seiner Zunft gekürt.

Neben dem „Prototyp" dürften die meistbekannten Biere Wesselohs die IPAs der SHIPA-Serie sein. Das Akronym steht für *Single Hop India Pale Ale*. Ein IPA also, gebraut und kaltgehopft mit einem einzelnen Aromahopfen. Der allerdings – bei ansonsten völlig identischer Rezeptur – immer wieder wechselt. Insgesamt elf verschiedene SHIPAS sind bislang entstanden: gehopft jeweils mit Simcoe, Cascade, Amarillo, Hüll Melon, Polaris, Mandarina Bavaria, Ella, Equinox, Azacca, Vic Secret und Mosaic.

Eine einzigartige Versuchsanordnung, um die Vielfalt von Aromahopfen zu studieren – könnte man sie denn alle nebeneinander verkosten. Doch selbst, wenn man sie alle aufbewahren würde, ergäbe das keinen Sinn, denn nicht alle Biere eignen sich für lange Lagerung. Insbesondere Stile, deren Wirkung stark auf den Hopfenaromen basieren – wie eben auch das IPA – altern schnell und von dem Moment an, zu dem sie die Brauerei verlassen. Ein mehrere Jahre gelagertes IPA zeigt nur noch einen Bruchteil seiner ursprünglichen Aromenvielfalt. Ganz im Gegensatz zu dunklen Starkbierstilen wie Porter oder Stout, die über einen Zeitraum von mehreren Jahren im Laufe der Lagerung immer besser und komplexer werden. Auch Kehrwieder hat so ein lagerfähiges Bier im Programm: das „Imperial Black Prototyp", ein Baltic (also untergäriger) Porter, erstmals gebraut zum einjährigen Jubiläum des normalen „Prototyp". Wegen des großen Erfolgs wird es wiederaufgelegt, sobald die eigene Anlage läuft. Dann wird es auch mehrere SHIPA gleichzeitig geben, damit sie alle frisch nebeneinander verkostet werden können.

Neben den Bieren in allein eigener Verantwortung finden sich aber auch eine Vielzahl von Gemeinschafts-Suden. Das jährlich zur Ernte mit frischem Hopfen – vom Feld bis zum Sudkessel vergehen keine fünf Stunden – gebraute „Feuchter Traum" zum Beispiel, das in Kooperation mit dem Riedenburger Brauhaus entsteht, „Franz Ferdinand", eine Kooperation mit Erzbräu aus Österreich oder der mit vier weiteren Hamburger Brauereien (Blockbräu, Gröninger, Joh. Albrecht und Ratsherren) wiederaufgelegte traditionelle „Hamburger Senatsbock". Oder das „You can leave your hat on", ein Gemeinschaftssud im Stil eines Barley Wines mit dem Brauhaus Nittenau.

Jüngster Streich: „Moll", ein Gemeinschaftssud mit Alexander Himburg vom BrauKunstKeller anlässlich der Craft-Bier-Messe Braukunst Live in München. Deren Organisator Frank Böer hatte angesichts der riesigen Zahl stetig neuer IPAs dem Brauer einen Gratisstand versprochen, der ihm auf der Veranstaltung die Neuinterpretation eines traditionellen deutschen Stils präsentieren könne. Für Wesseloh und Himburg war das Anreiz genug, um die Köpfe zusammenzustecken und nach alter Berliner Rezeptur ein leicht saures Rauchbier zu entwickeln, gewürzt mit getoasteten Maulbeerbaum-Chips.

Man darf angesichts der Kreativität des Hamburgers gespannt sein, welche spannenden Experimente in Zukunft die kleine, für Experimente wie geschaffene Brauanlage in Harburg verlassen werden.

DIE KREATIVITÄT UND GESCHMACKSVIELFALT DER AMERIKANISCHEN CRAFT-BRAUER HAT MICH NACHHALTIG BEEINDRUCKT.

ALFA-LAVAL

LEAVE YOUR HAT ON
BARLEY WINE

IMPERIAL BLACK PROTO TYP

WW
WELTMEISTER WEISSE
FRAMBOISE

SHIPA
Equinox

KALBSHERZ MIT BRATKARTOFFELN

Herz ist die unterschätzteste Innerei. Das zarte Fleisch lässt sich auch wie ein Steak zubereiten. Dazu Bratkartoffeln und Sauce hollandaise mit Bier, fertig ist der etwas andere Steakhausabend für Zuhause.

ZUTATEN
für 4 Personen

Für die Bratkartoffeln:
600 g gekochte festkochende Kartoffeln vom Vortag
1 Zwiebel
50 g Butterschmalz
½ Bund Majoran
Salz

Für die Sauce hollandaise:
1 Schalotte
100 ml kräftiges Bier plus 1 Spritzer Bier
1–2 EL Bieressig (alternativ Weißweinessig oder Estragonessig)
Prise Zucker
250 g Butter
2 Eigelb (M)
1 TL Paprikapulver, edelsüß
Salz
50 ml Schlagsahne

Für das Herz:
600 g Kalbsherz
Salz
schwarzer Pfeffer aus der Mühle
Öl zum Anbraten
1 Knoblauchzehe
4 Thymianzweige

ZEIT
40 Minuten

ZUBEREITUNG

Für die Bratkartoffeln: Kartoffeln schälen und in Scheiben schneiden. Zwiebel pellen und in feine Ringe schneiden. Butterschmalz erhitzen, Zwiebelringe darin glasig dünsten. Herausnehmen und beiseitestellen. Kartoffelscheiben in Pfannen verteilen und 3–4 Minuten anbraten, dann erst ein erstes Mal wenden. Unter gelegentlichem Wenden weitere 8–12 Minuten braten, bis die Kartoffeln goldbraun sind. Majoranblätter mit den Zwiebeln unter die Kartoffeln mengen. Salzen. Warm stellen.

Für die Hollandaise: Schalotte pellen und fein würfeln, mit Bier, Bieressig und Zucker aufkochen. Die Flüssigkeit auf ca. 2 Esslöffel einkochen und durch ein Sieb passieren.

Butter schmelzen, aufkochen und durch ein feines Sieb gießen. Eigelb mit der Bier-Reduktion in eine Rührschüssel geben, mit Paprikapulver bestäuben und über einem Wasserbad dick-cremig aufschlagen. Butter erst tröpfchenweise, dann in dünnem Strahl unterrühren, mit Salz würzen. Sahne dick-cremig schlagen und kurz vor dem Servieren unter die Sauce heben. Mit Salz und einem Spritzer Bier abschmecken.

Für das Herz: Ofen auf 160 Grad vorheizen. Herz in 3 dicke Stücke schneiden, Sehnen und Häutchen entfernen. Salzen, pfeffern und in einer ofenfesten Pfanne in heißem Öl 3–4 Minuten rundum anbraten. Knoblauch andrücken und mit dem Thymian dazugeben. Pfanne in den Ofen schieben, Herz weitere 2 x 6 Minuten garen, dabei einmal wenden. Herausnehmen, 3 Minuten ruhen lassen, wenden und nochmals 3 Minuten ruhen lassen. Aufschneiden und anrichten.

BIERSTILE: Je nach Bitterkeits-Toleranz und -Vorliebe empfehlen sich Helles, Pils oder auch IPA. Für die Hollandaise sollte es nicht allzu bitter werden, ein belgisches Trappisten-Bier ist hier eine gute Wahl.

DIE BESONDERE EMPFEHLUNG: zwei Trappisten-Biere von weltweit sieben: das etwas süßere „Chimay Blue Grande Reserve“ oder das hochkomplexe, aber leider recht rare „Orval“

ENTRECÔTE MIT BALSAMICO-BUTTER-SAUCE UND BROMBEEREN

ZUTATEN
für 2 Personen

2 Entrecôtes à ca. 200 g
80 g Butter
40 g Bachkresse
100 g Brombeeren
2 EL Öl
Salz
schwarzer Pfeffer aus der Mühle
100 ml Starkbier
2 TL milder Balsamessig (Aceto Balsamico)
1 EL Zucker

Süße Brombeeren liegen in feinsäuerlicher Balsamico-Butter-Sauce, die mit einem Hauch Starkbier abgeschmeckt ist und sanft das medium gebratene Steak umschmeichelt. Frische Bachkresse bringt einen leichten Bitterton und eine angenehme Schärfe in die köstliche Angelegenheit.

ZEIT
25 Minuten

ZUBEREITUNG
Das Fleisch gut 2 Stunden vor der Zubereitung aus dem Kühlschrank nehmen, es sollte bei der Verarbeitung Zimmertemperatur haben. Eine Servierplatte in den Ofen stellen, auf 80 Grad vorheizen. Butter fein würfeln und auf einem Tellerchen auf Backpapier tiefkühlen. Bachkresse waschen, trocken schleudern und mundgerecht zupfen, grobe Stile entfernen. Brombeeren heiß abspülen.

Öl in einer großen, beschichteten Pfanne stark erhitzen. Steaks mit Salz und Pfeffer würzen und einlegen. 2–3 Minuten scharf anbraten, wenden und weitere 2–3 Minuten braten. Auf die Platte im Ofen legen.

Bratenansatz in der Pfanne mit Bier ablöschen und aufkochen. Balsamessig und Zucker zugeben und 2 Minuten offen kochen. Die gefrorenen Butterwürfel nach und nach mit einem Schneebesen unterrühren. Brombeeren zugeben und durchschwenken. Mit Salz und Pfeffer würzen.

Steaks aus dem Ofen nehmen, Bratensaft in die Sauce rühren. Steaks mit der Sauce und der Bachkresse anrichten und sofort servieren.

BIERSTILE: kräftige, alkoholstarke Biere wie Doppelbock, Dark Ales, Strong/Imperial Ales oder Stouts, insbesondere „barrel-aged“ (d.h. im Holzfass gereifte) Biere

DIE BESONDERE EMPFEHLUNG: das seinem Namen voll und ganz gerecht werdende „Bommen & Granaten“ (15,2% Alkohol!) der niederländischen Craft-Bier-Legende de Molen (s. S. 209) oder das „Imperial Stout, Single Barrel Aged – Rum“ vom BrauKunstKeller aus dem Odenwald

Entrecôte mit Balsamico-Butter-Sauce und Brombeeren

Bierbraten „pulled pork" mit Kartoffelstampf und Mais

BIERBRATEN „PULLED PORK"* MIT KARTOFFELSTAMPF UND MAIS

Sweet Corn & Mash sind ein Klassiker der Südstaatenküchen, der in jedem Diner zu haben ist, meist begleitet von gepökeltem Fleisch. In dieser Version wird ein Bratenstück über Stunden in Bier gegart, bis das Fleisch beim Aufschneiden beinahe zerfällt. Dazu gibt's süßen Buttermais und groben Kartoffelstampf mit Meerrettich.

ZEIT

45 Minuten (plus 12 Stunden zum Marinieren und 6 Stunden zum Garen)

ZUBEREITUNG

Für den Braten: Knoblauch fein würfeln und mit Paprikapulver, Rauchsalz, Zucker und Pfeffer mischen. Schweinenacken mit 2 EL Bier und Olivenöl einstreichen, mit der Würzung einreiben. In Klarsichtfolie gewickelt auf einem Blech im Kühlschrank 12 Stunden marinieren.

Fleisch abtropfen lassen und bei 220 Grad im vorgeheizten Ofen auf einem Gitterrost 20 Minuten garen (ein Backblech mit Backpapier unter den Rost schieben). Hitze auf 120 Grad reduzieren. Fleisch auf einem Gitter (oder Dämpfeinsatz) in einen Bräter legen, Bier angießen. Deckel aufsetzen und den Bräter auf der ersten Schiene von unten in den 120 Grad heißen Backofen schieben. 6 Stunden garen.

Für den Kartoffelstampf und den Buttermais: Kartoffeln schälen und in Salzwasser weich kochen. Kartoffeln abgießen und wieder in den heißen Topf geben. 80 g Butter zugeben, salzen und mit Hilfe eines stabilen Schneebesens oder eines Kartoffelstampfers grobes Püree herstellen.

Übrige Butter in einem kleinen Topf schmelzen, Hühnerbrühe zugeben. Mais abgießen, abtropfen und in der Hühnerbrühe erhitzen. Mit Salz würzen. Meerrettich schälen und mit dem Rücken eines Messers feine Streifen von der Wurzel hobeln. Fleisch mit Mais und Kartoffelstampf anrichten, etwas vom Bratensud zugeben und den Stampf mit Meerrettich bestreuen. Sofort servieren.

BIERSTILE: alkoholstärkere, malzbetonte Biere wie einfacher, Doppel- oder Weizenbock

DIE BESONDERE EMPFEHLUNG: Klosterbrauerei Weltenburg „Asam Bock". Feine Aromen von Trockenfrüchten und moderate Hopfung machen sich sowohl beim Schmoren als auch als Begleitung zum Essen gut.

ZUTATEN

für 6 Personen

Für den Braten:

1 Knoblauchzehe
2 EL Paprikapulver, edelsüß
1 TL Rauchsalz
1 EL brauner Zucker
1 TL schwarzer Pfeffer aus der Mühle
1 Schweinenackenbraten (ca. 1,5 kg)
100 ml Bier plus 2 EL Bier
2 EL Olivenöl

Für den Kartoffelstampf und den Buttermais:

1 kg mehlige Kartoffeln
Salz
100 g Butter
100 ml Hühnerbrühe
1 Dose Mais (425 g EW)
frischer Meerrettich nach Geschmack (wahlweise Meerrettich aus dem Glas)

*

Das Fleisch eignet sich auch hervorragend zur Herstellung von **Pulled-pork-Sandwiches**: *Leicht geröstete, warme Burger-Buns mit etwas Senf bestreichen und mit Salat nach Belieben belegen. Darauf kommt das heiße, grob gezupfte (pulled) Fleisch des Bratens, das mit Ketchup oder Barbecuesauce besprenkelt wird. Mit ein paar frisch gehobelten Apfelringen toppen und sofort servieren.*

BRAUEREI VORMANN
SEIT 1877

Kühlschiff
8853 L.

HAGEN, DEUTSCHLAND

VORMANN

DER HERBERGSVATER

Seit 1882 ist die Brauerei Vormann jetzt an ihrem Standort im Volme-Tal in Hagen-Dahl zuhause. Auf den ersten Blick eine traditionelle Brauerei wie viele andere. Und doch war sie in den letzten Jahren der Entstehungsort einiger höchst interessanter Craft-Biere.

Als wir den Hof der Brauerei betreten, kocht einsam und verlassen auf einem Hockerkocher ein riesiger Topf mit Kartoffelsuppe. Davor Bänke, zwei aufklappbare Festzelt-Tische. Vom Hausherrn ist nichts zu sehen, genauso wenig wie von seinen Gästen. Denn Christian Vormann, Braumeister und Inhaber der Brauerei, hat heute Besuch – wie so oft in den letzten Jahren. Einige zum Teil höchst prominente Namen der deutschen Craft-Bier-Szene haben hier in Hagen-Dahl in den letzten Jahren ihr Bier gebraut. Das Craft-Urgestein Fritz Wülfing beispielsweise, Phillip Overberg von der Gruthaus Brauerei in Münster oder der ehemalige Sommelier-Weltmeister Oliver Wesseloh von der Kreativbrauerei Kehrwieder.

Gypsy brewer, im Deutschen gern auch „Wanderbrauer", nennt sich das Phänomen. Die Geschichte dahinter ist stets dieselbe: Nach den ersten Erfolgen als Hobby- und Kleinstbrauer übersteigt bei vielen Craft-Bier-Brauern die Nachfrage von Familie und Freunden schnell die heimischen Braukapazitäten. Wer dann seine Leidenschaft nicht sofort zur Haupterwerbsquelle mit den damit verbundenen Investitionen machen will, der sucht nach einer Brauerei mit freien Kapazitäten in einem Sudhaus geeigneter Größe, um dort die zuhause erprobten Rezepturen im größeren Stil nachzuvollziehen. Natürlich leisten die jeweiligen Gastgeber mit ihrer meist langjährigen Brauerfahrung dazu einen wertvollen Beitrag. *„Das ist immer ein gegenseitiges Sich-Befruchten"*, sagt Christian Vormann. *Gypsy brewing* ist eine Methode, die den Austausch von Knowhow und Ideen befördert. Selbst Größen der internationalen Craft-Bier-Szene wie der Däne Mikkel Borg Bjergsø von der Craft-Bier-Legende Mikkeller brauen ihre Biere als Wanderbrauer.

Wissenstransfer ist auch eine der Begleiterscheinungen für eine andere, in der Craft-Bier-Szene ebenfalls sehr verbreitete Praxis: *colaboration brews,* also die temporäre Zusammenarbeit zweier oder mehr befreundeter Craft-Bier-Brauer. Solche gemeinschaftlichen Sondersude haben in der Szene eine lange Tradition. Heute ist Sebastian Sauer von Freigeist Bierkultur zu Gast in Hagen und mit ihm Brauer von 2Cabecas aus Rio de Janeiro sowie vom Beercafé Teresa's aus Philadelphia. *„Collaboration brews sind eine* *ausgezeichnete Möglichkeit, gemeinsame Ideen und Konzepte zu entwickeln und zusammen zu realisieren!"*, meint Sebastian. Auch andere bekannte Craft-Bier-Namen, beispielsweise der Franke Andreas Gänstaller oder Menno Olivier und Jon Brus von de Molen, suchen immer wieder den Austausch mit befreundeten Kollegen in Form von Kollaborationen.

Bei Sebastian und seinen Gästen aus Brasilien und den USA steht heute eine Gose auf dem Programm, ein traditionelles deutsches Sauerbier. Ein Stil, der sich unter Craft-Bier-Aficionados seit geraumer Zeit weltweit großer Beliebtheit erfreut. Hier, in seinem Heimatland, führt er nach wie vor ein trauriges Dasein als Nischenprodukt – was ganz nebenbei auch viel über den weiten Weg erzählt, den die Craft-Bier-Bewegung hierzulande noch zu gehen hat. Die Gose ist der Stil, mit dem sich Sebastians Brauprojekt Freigeist Bierkultur in den letzten Jahren in vielen Varianten beschäftigt hat. Sauer und salzig sind die beiden aromatischen Hauptmerkmale, die diesen bis Anfang des 20. Jahrhunderts vor allem im Norden und Osten Deutschlands weit verbreiteten Bier-Stil kennzeichnen. Die mit Rauchmalz gebraute „Viking-Gose" von Freigeist ist sehr aromatisch, ebenso wie die mit Austernschalen und Seetang vergorene „Atlantis-Gose". Zuvor hatte Sebastian mit seinen brasilianischen Gästen schon gemeinschaftlich ein „Rio de Colônia" genanntes Stout gebraut – gesalzen wie eine Gose und mit brasilianischen Surinam-Kirschen vergoren. Heute soll es dann direkt eine Gose werden. Genauer gesagt eine mit Weißbierhefe vergorene Mango-Gose – eine Reminiszenz an die Heimat der Gäste aus Übersee.

Christian Vormann, Gastgeber und in vierter Generation Brauer des alten Familienbetriebs, ist derlei Extravaganzen gewohnt. Im Moment reifen in den Tanks das „Pfefferkörner weiß", ein mit weißem Pfeffer gewürztes Weizen, oder das „Methusalem", ein 10%iges, leicht saures und hopfenstarkes Altbier, wie es in Dortmund Mitte des 19. Jahrhunderts populär war. Aber auch im eigenen Programm hat Vormann einige bemerkenswerte Biere. Das „Vormann Vorder" ist, wie er selbst sagt, *„der Traum eines jeden Braumeisters"*. Es ist ausschließlich aus der besonders aromatischen Vorderwürze gebraut, ohne, wie sonst zur Verbesserung der Maische-Ausbeute üblich, mit diversen Nachgüssen mit heißem Wasser gestreckt zu werden. Das Ergebnis ist ein aromenintensives, extraktreiches Lager nach der Art eines Export. Entstanden ist es aus dem Wunsch, zur Jahrtausendwende ein besonderes, außergewöhnliches Bier zu brauen, die Rezeptur wurde ohne Kompromisse, nur in Hinsicht auf den Geschmack entwickelt – *„genau so, wie es die Craft-Leute machen"*. Deswegen war es ursprünglich auch nur als einmaliger Sud geplant. Der überwältigende Erfolg der tief malzaromatischen Spezialität hat dann dafür gesorgt, dass sie sich bis heute auf der Brauliste findet – trotz ihres überdurchschnittlichen Preises.

Ebenfalls eine bemerkenswerte Rarität ist das Malzbier. Im Gegensatz zum normalerweise erhältlichen Malz*trunk* mit weniger als einem halben Volumenprozent Alkoholgehalt ist es eines der wenigen verbliebenen echten Malz*biere* mit 1,5 Volumenprozent. Es wird mit Hefe vergoren und weist daher ein viel volleres, runderes Geschmacksbild auf. Und auch der 8%ige Doppel-Bock von Vormann ist ein Bier der Sonderklasse. Gebraut wird das alles in einer 30-hl-Anlage aus dem Jahr 2011. Das alte Sudwerk von 1938 steht zur Zeit ungenutzt im Nebenbau. Genau wie das Kupferkühlschiff draußen vor der Tür. Es zum Altmetall zu geben, kommt für Christian Vormann nicht in Frage. Dass beide noch einmal reaktiviert werden, scheint nicht ausgeschlossen, angesichts des Lebens, das zur Zeit in Hagen-Dahl herrscht.

DER ERSTE, DER HIER SEIN EIGENES BIER GEBRAUT HAT, WAR 1995 EIN FAHRRADLADEN AUS KIERSPE!

2CABECAS
2CABECAS
2CABECAS

MUNCHHAUSEN
SOUR ALTBIER
THIS IS OUR INTERPRETATION OF
A TRADITIONAL GERMAN SOUR ALTBIER
KNOWN AS "MUNSTERLANDER ALTBIER"

Vormann
Vormann
Sauerländer
Weizenbier

FREIGEIST
BIERKULTUR

BIER-JUS

Die Sauce ist der Diamant der Küche, pflegte mein Großvater zu sagen, und diese kräftig-aromatische Jus aus Rinderknochen, Röstgemüsen, Kräutern, Gewürzen und Bier dürfte seine Aussage bestätigen.

ZEIT

ca. 3 Stunden (plus Zeit zum Kühlziehen-Lassen)

ZUBEREITUNG

Ofen auf 225 Grad vorheizen. Suppengemüse heiß abwaschen, grob würfeln. Zwiebeln ungeschält grob stückeln. Knochen mit den Gemüsen mit dem Öl mischen und in einem Bräter in den Ofen schieben. 1 Stunde rösten lassen.

Bräter aus dem Ofen nehmen und auf den Herd stellen. Kümmel, Senfsaat, Koriander, braunen Zucker, Lorbeer, Steinpilze und Knoblauchzehen zum Röstgemüse geben, mit Bier ablöschen. 10 Minuten offen kochen. Brühe zugießen und aufkochen. Den dabei entstehenden Schaum mit einer Schaumkelle abschöpfen.

Bräter wieder in den Ofen geben, auf 200 Grad runterschalten und 2 Stunden köcheln lassen. Den Bräter aus dem Ofen nehmen und auf einem Gitter an einem kühlen Ort komplett auskühlen lassen (am besten über Nacht).

Anderntags lässt sich die erstarrte Fettschicht leicht entfernen, darunter funkelt die leicht gelierte Jus. Die Jus durch ein Sieb passieren, mit Salz und Pfeffer abschmecken.

TIPP: Die Sauce lässt sich portionsweise einfrieren, ist eine tolle Basis für Rahmsaucen und Geschnetzeltes, sie passt zu Braten, Bratwürsten und Steaks. Sie empfiehlt sich ganz besonders auch für einen Klassiker der norddeutschen Resteküche: das *Hamburger Rundstück warm**!

BIERSTILE: mild gehopfte bayrische oder fränkische Dunkle, Bockbier, Schwarzbier

DIE BESONDERE EMPFEHLUNG: Zum Hamburger Rundstück passt am besten ein Bier von eben dort – der „Kohlentrimmer" der Hamburger Buddelship Brauerei, ein typisches Schwarzbier: tiefdunkel, röstig-malzig, mit Anklängen von Kaffee, Kakao und Lakritz. Intensive Aromen bei erstaunlich leichten 5,3% Alkohol.

ZUTATEN
für ca. 800 ml

2 Bund Suppengemüse
4 Zwiebeln
1 kg fleischige Rinderknochen, geschnitten
4 EL Pflanzenöl
je 1 TL Kümmel, Koriander und Senfsaat
2 EL brauner Zucker
2 Lorbeerblätter
5–10 g getrocknete Steinpilze (optional)
2 Knoblauchzehen
500 ml Dunkelbier
1,5 l Rinderbrühe
Salz
Pfeffer

*

Hamburger Rundstück warm *ist ein norddeutsches Montagsgericht, bei dem die Bratenreste vom Sonntag in Braten-Jus erwärmt werden (darf nicht kochen!). Das Fleisch wird mit Gewürzgurken im Brötchen (dem Rundstück) serviert. Manchmal wird das Brötchen zuvor noch mit Senf und/oder Butter bestrichen. Schmeckt am besten, wenn die Bratensauce das Brötchen schon leicht durchweicht hat.*

RILLETTE

ZUTATEN
für 4–6 Personen

800 g Schweinebauch
ca. 1,5 l Fleischbrühe
2 Lorbeerblätter
2 Schalotten
1 Knoblauchzehe
500 g Butter
1 TL Fenchelsaat
4 Zweige Bohnenkraut
schwarzer Pfeffer aus der Mühle
Salz

Für die französische Rillette gart Fleisch im eigenen, gewürzten Fett und wird dann, butterweich, darin zerdrückt. Ich koche das Fleisch in Brühe und lege es in gewürzter Butter ein – fertig ist der elegante Brotaufstrich zum Abendbrot oder auf dem Büffet.

ZEIT
20 Minuten (plus 2 Stunden Kochzeit und 2 Stunden zum Erkalten)

ZUBEREITUNG
Schwarte vom Bauch entfernen und zur Seite stellen. Bauch mit Brühe bedeckt aufkochen, weißen Schaum mit einer Schaumkelle entfernen. Lorbeer und Schwarte zugeben, zugedeckt 2 Stunden leise köchelnd garen.

Schalotten und Knoblauch schälen, fein würfeln und mit der Butter in einen Topf geben. Fenchelsaat und fein geschnittenes Bohnenkraut zugeben. Schmelzen und einmal aufwallen lassen. Mit Pfeffer und Salz würzen.

Bauch aus dem Kochsud nehmen und mit Hilfe zweier Gabeln in kleine Stückchen zerreißen, nach Wunsch fein schneiden oder hacken. In die Butter geben, eventuell nochmals mit Salz und Pfeffer nachwürzen, einmal aufkochen. Noch heiß in Einmachgläser füllen, verschließen und erkalten lassen.

TIPP: Schmeckt sehr gut auf rustikalem Brot, mit frisch geschnittenen Zwiebelringen und Cornichons serviert.

Rillette hält im Kühlschrank im verschlossenen Glas bis zu 1 Monat.

BIERSTILE: Dunkel, Schwarzbier, Pale und India Pale Ale, Stout, aber auch kräftig gehopftes Pils

DIE BESONDERE EMPFEHLUNG: „Ei Pi Ai“ von Camba Bavaria. 8% Alkohol und eine kräftige Hopfung sorgen für genügend Substanz, um gegen die kräftig gewürzte Rillette zu bestehen.

Rillette

SAUERBIER

GOSE

Vor dem Pils-Siegeszug im Norden Deutschlands weit verbreiteter Bierstil. Basis ist milchsauer vergorenes Weißbier, schwach gehopft und mit Koriander und Salz gewürzt. Fein erfrischend im Sommer und ein guter Essensbegleiter. Der alte Stil wird von der Craft-Bier-Bewegung gerade wiederentdeckt.

URSPRUNG	Goslar, Deutschland
CHARAKTER	säuerlich frisch, aromatisch würzig, salzig
GÄRUNG	obergärig, mit Milchsäuregärung
ALKOHOLGEHALT	4 bis 7 Vol.-%
TRINKTEMPERATUR	5 bis 9 °C
GLASWAHL	Biertulpe  American-Wheat-Glas 
REFERENZBIERE	Ale-Mania-Gose, „Original Döllnitzer Ritterguts Gose“, „Viking Gose“ von Freigeist
REZEPTE	frittierte Fischchen (s. S. 27), Räucherbückling (s. S. 106), Sprotten (s. S. 42), Moules à la bière (s. S. 91), Bratwürste aus dem Sud (s. S. 158), Hirsch-Schnitzel (s. S. 131)
STIL-VARIANTEN	Gosen mit Rauchmalz, mit Rhabarber oder Quitte, mit Fichtennadeln oder gar mit Austern und Seetang (Freigeist „Atlantis Gose“). Eng verwandt mit anderen Sauerbieren wie Geuze, Lichtenhainer, Grätzer oder Weiße.

SCHWARZKOHL MIT SÜSSEN KARTOFFELN UND TIROLER SPECK

ZUTATEN
für 4 Personen

Für die süßen Kartoffeln:
800 g kleine Kartoffeln
Salz
4 EL Öl
1–2 EL Zucker
1 EL Butter
Salz

Für den Schwarzkohl:
800 g Schwarzkohl
Salz
2 Schalotten
1 Knoblauchzehe
3 EL Olivenöl
1 EL Butter
schwarzer Pfeffer aus der Mühle
Prise Zucker
200 g dünn geschnittener Tiroler Speck

*

Schwarzkohl, *auch Palmkohl, italienischer oder toskanischer Kohl genannt, ist in Italien und Portugal beheimatet und jetzt endlich auch bei uns erhältlich, das Wintergemüse findet sich meist auf Wochenmärkten. Die losen Kohlblätter sind zarter und viel weniger bitter als Grünkohl, dennoch würzig und schnell gegart. Eine lohnende Entdeckung! Probieren Sie auch mal Pasta mit Schwarzkohl und Chili oder den Kohl als Beilage zu Bratwurst und Koteletts.*

Dieses Gericht ist inspiriert vom deftigen norddeutschen Grünkohl-Essen, bei dem zum Kohl gerne gesottene Schweinebacken und süße Kartoffeln serviert werden. In dieser eleganten Version wird milder Schwarzkohl nur leicht gedünstet und mit Tiroler Speck gereicht. Geblieben sind die karamellisierten Kartoffeln.*

ZEIT
45 Minuten

ZUBEREITUNG
Für die süßen Kartoffeln: Kartoffeln mit dem Sparschäler schälen und in Salzwasser je nach Größe 10–15 Minuten mit Biss kochen. Wasser abgießen, Kartoffeln ausdampfen lassen. In einer Pfanne in heißem Öl rundum braun braten. Zucker zugeben und unter dauerndem Schwenken in 2–3 Minuten karamellisieren lassen. Butter zugeben und aufschäumen lassen. Mit Salz würzen und warm stellen.

Für den Schwarzkohl: Kohlblätter von den dicken Rispen streifen, in warmem Wasser waschen. Kohl in reichlich kochendes Salzwasser geben und 4 Minuten kochen.

Herausnehmen und in kaltem Wasser abkühlen lassen. Schalotten und Knoblauch pellen und fein würfeln. Kohl trocken ausdrücken.

Olivenöl und Butter in einer Pfanne erhitzen, Schalotten und Knoblauch darin glasig dünsten. Kohl zugeben und bei mittlerer Hitze 5 Minuten braten. Mit Salz, Pfeffer und Zucker würzen. Mit Tiroler Speck zu den süßen Kartoffeln servieren.

BIERSTILE: Pils, Helles, Export, Lager, Amber

DIE BESONDERE EMPFEHLUNG: „Amber Ale" von Camba, dessen malzige Karamell-Noten fein zu den Kartoffeln auf dem Teller überleiten, und das gleichzeitig zurückhaltend genug ist, um Schwarzkohl und Speck genügend Raum zu lassen.

Schwarzkohl mit süßen Kartoffeln und Tiroler Speck

Geschmorte Bierrippchen mit Apfelsauerkraut

GESCHMORTE BIERRIPPCHEN MIT APFELSAUERKRAUT

Kaum zu glauben, die fleischigen Rippchen sind in dieser Zubereitung keine amerikanische Erfindung, sondern ein hessisches Traditionsgericht. Und nicht nur deshalb passt zu den butterzarten, in Bier geschmorten Rippchen am allerbesten ein fruchtiges Apfel-Bier-Sauerkraut.

ZEIT

80 Minuten

ZUBEREITUNG

Für die Rippchen: Rippchen zwischen jedem zweiten Knochen durch- und in Stücke schneiden. Öl in einem Bräter erhitzen, Rippchen darin rundum braun anbraten.

Währenddessen Zwiebeln und Knoblauch pellen und würfeln. Die gebräunten Rippchen aus dem Bräter nehmen. Zwiebeln und Knoblauch ins Bratfett geben und bräunen. Gewürze zugeben und kurz mitbraten.

Rippchen wieder zugeben. Mit Bier ablöschen und aufkochen. Fleischbrühe und Zuckerrübensirup zugeben. Mit Salz und Pfeffer würzen. Zugedeckt 60 Minuten leise köcheln lassen, dabei die Rippchen ab und zu umschichten.

Für das Apfel-Bier-Sauerkraut: Zwiebel pellen und in Streifen schneiden. Im Öl glasig dünsten, Sauerkraut zugeben und 1 Minute mitdünsten. Zucker, Lorbeer und Wachholderbeeren zugeben. Mit Bier und Apfelsaft auffüllen. Aufkochen und die Brühe zugeben. Salzen und zugedeckt 20 Minuten leise köcheln. Apfel in Spalten, dann in Scheiben schneiden und mit der Butter zum Kraut geben. Offen weitere 5 Minuten köcheln.

BIERSTILE: Brown oder Scotish Ale, Märzen, Bock

DIE BESONDERE EMPFEHLUNG: „Rogue Dead Guy Ale" aus Portland/Oregon, ein nach Art eines Ale obergärig gebrautes, im Stil aber an Mai-Bock erinnerndes Starkbier aus den USA. Wer in heimischen Gefilden bleiben will, greift zu einem hiesigen Bock wie dem „Andechser Bergbock hell".

ZUTATEN

für 4 Personen

Für die Rippchen:

1 kg fleischige Rippchen
4 EL Öl
2 Zwiebeln
1–2 Knoblauchzehen
1 TL Kümmelsaat
1 TL Fenchelsaat
1 EL Paprikapulver, edelsüß
200 ml Schwarzbier oder Dunkelbier
300 ml Fleischbrühe
2 EL Zuckerrübensirup
Salz
schwarzer Pfeffer aus der Mühle

Für das Apfel-Bier-Sauerkraut:

1 Gemüsezwiebel
2 EL ÖL
500 g Sauerkraut*
2 EL brauner Zucker
2 Lorbeerblätter
3 Wachholderbeeren
100 ml helles Bier
100 ml Apfelsaft
400 ml Gemüsebrühe
Salz
1 Apfel
40 g Butter

*

Sauerkraut
gibt's in der Dose oder im Glas. Probieren Sie aber auch mal loses Sauerkraut vom Wochenmarkt, es schmeckt meist viel milder, ist oft etwas gröber geschnitten und hat mehr Biss – das lohnt sich!

Düsseldorf, Deutschland

UERIGE

DAS GESAMTKUNSTWERK

„Craft Bier seit 1862", leuchtet es aus einem der Fenster. Man kann darüber streiten, ob das Uerige-Alt mit dem Attribut „Craft" treffend bezeichnet ist. Sicher ist: Hier in der Altstadt herrscht derselbe bedingungsloser Qualität verpflichtete Anspruch wie bei den Craft-Kollegen.

„Liebchen, pass auf, dass du heil die Treppe herunter kommst!" – der legendär rustikale Charme der Köbesse macht auch vor den elegant gekleideten älteren Damen der Düsseldorfer Geschichtswerkstatt nicht halt. Zwei von ihnen haben sich gerade auf den Weg die Treppe hinunter zu den Toiletten gemacht – begleitet von den guten Wünschen des traditionell blau gekleideten Kellners.

Wir sitzen, zusammen mit Herrn und Frau Doosch („Durst"), zwei lebensgroßen Beton-Skulpturen, im Brauhof, einem der insgesamt neun Räume, in denen hier das obergärige Alt ausgeschenkt wird. Uerige ist stets einer der Namen, die zuerst fallen, wenn unter Kennern die Frage nach dem besten Alt aus Düsseldorf verhandelt wird. Seit 1862 wird hier Bier gebraut, als Gaststätte fungiert das Haus gar gute 100 Jahre länger. Doch zugegeben, auch, wenn die Neonschrift im Fenster Gegenteiliges behauptet, um eine Craft-Bier-Brauerei im modernen Sinne handelt es sich bei der Düsseldorfer Institution eigentlich nicht.

Angesichts der überragenden Qualität des vor uns stehenden Bieres ist das allerdings eine höchst müßige Feststellung. Dem Uerige-Alt geht der Ruf voraus, dass man stets ein bis zwei Gläser brauche, bis man sich an seinen kräftig gehopften Stil – es kommen die klassischen Sorten Hallertauer, Spalter und Perle zum Einsatz – gewöhnt habe. *„Mit unserer Bitterkeit ist ein bisschen wie mit der Schärfe des Meerrettichs"*, meint der technische Leiter der Brauerei Christoph Tenge, *„die ist auch nur kurz am Gaumen und dann schnell verflogen – im Gegensatz zu der des Chili, deren Feuer lange vorhält!"* Ein passender Vergleich. Uns – die Gaumen gestählt durch die vielen IPAs der Recherche – schmeckt es ohnehin vom ersten Glas an.

„Wir sind noch eine richtige Haus-Brauerei", erzählt Tenge, *„bei uns kommt Malz zur Tür herein und fertig in Flaschen oder Fässer gefülltes Bier geht heraus!"* Alle anderen Schritte dazwischen erledige man hier direkt im Stamm-Haus, auf diese Feststellung legt er Wert. Zu 90% Pilsener Malz kommt zum Einsatz, ergänzt von etwas Karamell- und Röstmalz für die dunkel kupfern funkelnde Farbe und die aromatische Tiefe. Vergoren wird hier mit eigenen Hefen, die zur Verjüngung mehrmals jährlich aus eigener Kultur neu herangezogen werden.

Altbier ist – genau wie das Bier des ewigen Rivalen Köln einige Kilometer weiter rheinaufwärts – obergärig und sein Name bezieht sich auf diesen im Vergleich zum Ende des 19. Jahrhunderts breiter aufgekommenen Pils „alten" Braustil. Alt und Kölsch sind nach dem Siegeszug des Pilsener die beiden einzigen verbliebenen traditionellen rein auf Gerstenmalz basierenden Bierstile, die hierzulande noch obergärig gebraut werden. Mithin sind die beiden eng miteinander verwandt. Was wiederum angesichts der stets erbittert geführten Grabenkämpfe, welches Bier nun welchem überlegen sei, nicht einer gewissen Ironie entbehrt.

Wir wollen uns diesbezüglich kein Urteil erlauben. Man kann aber sicher sagen, dass das Alt mit seiner Hopfenbetonung und dem Röstmalzanteil das in der Regel komplexere, vielschichtigere Bier ist. Das Kölsch dagegen ist – gerade wegen seiner zurückhaltenderen Hopfung – wenigstens im ersten Moment meist zugänglicher.

Doch zurück zum laut Eigenwerbung *„leckere Dröppke"* Uerige. Das *„an Bitterstoffen reichste Bier Deutschlands"* ist es nach Aussage der Brauerei, gebraut auf bis zum imposanten Kupferkühlschiff im Dachgeschoss hin traditionelle Art und Weise. Auf das Abkühlen im großen Flachbecken folgt ein weiterer Kühlprozess im offenen Berieselungskühler, der den für den weiteren Gärprozess notwendigen Sauerstoff in die abkühlende Würze einträgt. Auch der ist aus Kupfer und besitzt, vor allem, wenn die Bierwürze funkelnd über seine Kühlrippen läuft, die Schönheit einer Skulptur. Überhaupt merkt man bei der Führung durch die Brauerei an vielen Stellen die besondere Hingabe und Leidenschaft, die man im Uerige dem eigenen Schaffen widmet. Auch die beiden imposanten Sudkessel – natürlich ebenfalls kupfern (auch, wenn das Innenleben heutzutage längst aus Edelstahl besteht) – und das klimatisierte Hopfenlager mit einer kleinen farbigen Lichtinstallation zeugen davon.

Ausgeschenkt wird im Uerige im Wesentlichen das eigene Alt. Schon das ebenfalls hier gebraute Weizen und die Fassbrause werden vom Köbes mit dem Gestus eines Gnadenaktes serviert. Auch der Ausschank ist höchst traditionsbewusst – das Bier kommt nicht aus der Zapfanlage, sondern wird aus schweren, alten Holzfässern gezapft. Zweimal im Jahr fließt nicht Alt aus den Messing-Zapfhähnen: Am jeweils dritten Dienstag im Januar und Oktober, den sogenannten „Sticke-Tagen", kommt die Sticke – eine etwas stärker eingebraute und gehopfte Altbier-Variante mit immerhin 6 Volumenprozent – zum Ausschank. Der Legende nach ist sie entstanden, als der Braumeister einst zu großzügig bei der Bemessung von Malz und Hopfen war. Was sich die Eingeweihten „stickum" (ungefähr „still und leise") hinter vorgehaltener Hand erzählten und so dem speziellen Sud seinen Namen gaben. Inzwischen ist er Legende. So sehr, dass zu den Ausschanktagen Menschen aus der ganzen Welt anreisen – die „Sticke-Warriors".

Dank des Interesses, auf das Alt und Sticke auch in den USA stießen, kam 2005 ein weiteres, inzwischen zur Legende gewordenes Bier auf die Rezeptliste des Braumeisters: die mit 8,5 Volumenprozent noch stärkere Doppelsticke. Ursprünglich auf Wunsch und Anregung des US-Importeurs ausschließlich für den Export gebraut, stießen die wenigen Flaschen, die hierzulande verkostet wurden, ebenfalls auf helle Begeisterung. Kein Wunder, die Doppelsticke ist eine Quadratur des Uerige-Alt, ein aromatisch hochkomplexes, aromenintensives Meisterwerk. Das, auch wenn das Bier inzwischen erfreulicherweise auf dem Heimatmarkt verkauft wird, recht rar bleibt. Die wenigen Sude, die davon gebraut werden, sind innerhalb kürzester Zeit ausverkauft.

BEI UNS IST AUCH DER INHABER NOCH EIN GELERNTER BRAUER

UERIGE
3177

Craft Beer
Seit 1862

Uerige

dat leckere Dröppke
Uerige
Düsseldorf-Altstadt

Schnapsgenuß
während des Bierkonsums
ist hier untersagt
(es stört Jhre Gesundheit
und mein Geschäft.)
DER WIRT

Bierzwiebeln

BIERZWIEBELN

Für den Klassiker der fränkischen Bierküche werden dicke Zwiebeln mit grob-würzigem Bratwurstbrät gefüllt und im Ofen in Zwiebel-Bier-Sauce weich geschmort. Bämm!

ZUTATEN
für 4 Personen

4 große Gemüsezwiebeln
400 g rohe, grobe Bratwürste
2 EL Öl
1 TL Kümmelsaat
1–2 TL Paprikapulver, edelsüß
1 TL Zucker
150 g dunkles Bier
350 ml Fleischbrühe
Salz
4 Zweige Majoran (wahlweise 1 Messerspitze getrockneter Majoran)
20 g kalte Butter
schwarzer Pfeffer aus der Mühle

ZEIT
30 Minuten (plus 60 Minuten Garzeit)

ZUBEREITUNG
Zwiebeln pellen, Strunk nicht gänzlich, aber gerade abschneiden, die Zwiebeln sollten stehen können. Von den Zwiebeln je ein Deckelchen abschneiden und die Zwiebeln mit einem Messer bis auf 3 Zwiebelschichten leicht kegelförmig aushöhlen. Deckelchen fein würfeln, Zwiebel-Inneres in Streifen schneiden. Bratwurstbrät aus der Pelle drücken und mit der fein gewürfelten Zwiebel verkneten. Zwiebeln mit dem Brät füllen.

Ofen auf 180 Grad vorheizen. Zwiebelstreifen in einem Bräter im Öl braun braten. Kümmel, Paprikapulver und Zucker unterrühren. Mit Bier auffüllen. Aufkochen und mit Brühe auffüllen. Mit Salz würzen. Die Zwiebeln nebeneinander in den Schmorsud stellen (eventuell für mehr Stand aneinander stützen). Im heißen Ofen 60 Minuten backen, dabei die Zwiebeln ab und an mit der Flüssigkeit beschöpfen.

Vor dem Servieren den Majoran grob schneiden, die Butter würfeln. Zwiebeln auf warmen Tellern anrichten. Sauce aufkochen, Majoran mit der kalten Butter unterrühren, bis die Butter geschmolzen ist. Sauce gegebenenfalls mit Salz, Zucker und Pfeffer abschmecken und zu den gefüllten Zwiebeln gießen.

BIERSTILE: dunkle, malzbetonte Biere wie Dunkelbier, Bockbier, dunkles Weizen, Rotbier

DIE BESONDERE EMPFEHLUNG: „Jeffs Bavarian Ale" von Maisel & Friends. Die Neuinterpretation des Weißbiers besticht durch eine dunkle Farbe und feine Frucht- und Gewürznoten.

ZWEIERLEI KÄSEKNUSPER

ZUTATEN
für 4 Personen

400 g Blätterteig in Platten (TK)
1 Ei
50 g geriebener Cheddar
etwas Kümmelsaat nach Geschmack
50 g Blauschimmelkäse

Der schnelle Snack zum Lieblingsbier: knusprig warme Blätterteigstangen mit Cheddar und Blauschimmelkäse.

ZEIT
30 Minuten

ZUBEREITUNG

Ofen auf 220 Grad vorheizen. Gefrorene Blätterteigplatten nebeneinander auf die Arbeitsfläche legen und antauen lassen.

Mit verquirltem Ei bepinseln. Hälfte der Platten mit geriebenem Cheddar und Kümmel bestreuen. Die übrigen Platten mit fein zerbröseltem Blauschimmelkäse bestreuen. Käse leicht andrücken.

Für Käsestangen Platten in 1–2 cm breite Streifen schneiden. An den Enden fassen und gegeneinander verdrehen. Stangen auf ein Blech mit Backpapier setzen.

Für Käsetaler Platten von der langen Seite her aufrollen und in 0,5–1 cm breite Taler schneiden. Taler auf ein Blech mit Backpapier legen.

Stangen und Taler im heißen Ofen in 12–15 Minuten goldbraun backen.

DIE GANZ BESONDERE EMPFEHLUNG: Zu diesem Snack passen die unterschiedlichsten Biere. Deshalb empfehlen wir, einfach zum jeweiligen ganz persönlichen Lieblingsbier zu greifen.

Im Falle unserer Fotografin Daniela Haug wäre das beispielsweise ein „Westfleteren 12“. Nicht, weil sich das ausgesprochen rare Trappistenbier des Rufs als „bestes Bier der Welt“ erfreut, sondern, weil es mit seinem harmonischen Säure-/Süßespiel eines der ausgewogensten und elegantesten Biere ist, das sie jemals getrunken hat.

Rezept-Autor Stevan Paul griffe zum Buddelship „Mitschnagger Pilsener“ – weil es mit seiner Würze und seinem Charakter einen ganzen Abend lang Freude macht, ohne dabei zu überfordern. Ideal auch für Craftbeer-Einsteiger.

Torsten Goffin schließlich würde ein „Tripple7 IPA“ des niederrheinischen Brauprojekts 777 öffnen, weil ihn dessen aromatische Tiefe und perfekte Balance zwischen Hopfen-Bitterkeit und floral-herber Aromatik immer wieder neu begeistern.

Zweierlei Käseknusper

Bierbrot

BIERBROT

Gut Brot will Weile haben. Der Teig muss reifen, das Brot sollte in Ruhe backen. Arbeit macht das Bierbrot dennoch kaum, gerade mal 5 Minuten dauert das Ansetzen des Teiges. Der Rest ist Geduld – die mit einem duftend würzigen Bierbrot belohnt wird.

ZUTATEN
für ca. 1 kg Brot

150 ml Malzbier
1 TL Zucker
10 g frische Hefe (1/4 Würfel)
800 g Mehl (Type 550)
1 EL Salz
Mehl (Type 550) zum Arbeiten

ZEIT

5 Minuten für die Teigherstellung, 12 Stunden Gehzeit und ca. 2,5 Stunden Backzeit

ZUBEREITUNG

500 ml Wasser und Malzbier mit Zucker in einem Topf leicht erwärmen, Hefe darin auflösen. Mehl und Salz mit der Flüssigkeit in einer Schüssel locker verkneten. Das muss nicht sehr gründlich geschehen, die Hefe übernimmt in den nächsten Stunden die Verwandlung in einen homogenen Teig, es sollten aber keine Mehlnester mehr im Vorteig sein.

Teig in der Schüssel unter Klarsichtfolie 12 Stunden bei Zimmertemperatur reifen lassen.

Zum Backen einen ofenfesten Topf im Ofen auf 200 Grad erwärmen.

Gereiften Teig auf eine bemehlte Fläche gleiten lassen. Mit bemehlten Händen dreimal wie einen Brief falten. Dann nochmals von links und rechts nach unten falten, so dass eine elastische Kugel entsteht.

Teigkugel mit bemehlten Händen in den heißen Topf geben. Deckel aufsetzen und den Topf auf einem Gitter in den vorgeheizten Ofen schieben.

Nach 90 Minuten Deckel entfernen und das Brot weitere 50–60 Minuten backen, bis eine schöne Kruste entstanden ist. Brot im Topf auf einem Gitter komplett auskühlen lassen und erst dann – am besten mit einem Sägemesser – aufschneiden und genießen.

SAUERBIER

LAMBIK, GEUZE

Im Holzfass spontanvergoren (d.h. nur mit wilden Hefen aus der Umgebung), somit der ursprünglichste Bierstil. Geuze wird zusätzlich flaschenvergoren. Deutlich sauer und mit hochkomplexer Aromatik durch die wilden Hefen. Als Lambik fast ohne Kohlensäure, als Geuze mit champagnerartiger Perlage. So oder so: schwach ausgeprägte Bitterkeit und damit perfekt zum Kochen.

URSPRUNG	Belgien
CHARAKTER	säuerlich frisch, aromatisch
GÄRUNG	spontanvergoren (u.a. mit Brettanomyces)
ALKOHOLGEHALT	4 bis 8 Vol.-%
TRINKTEMPERATUR	5 bis 9 °C
GLASWAHL	Ballon  American Wheat 
REFERENZBIERE	Cantillon Lambic und Geuze, Boon „Mariage Parfait“, Girardin „1882 (Black Label)“
REZEPTE	Räucherbückling (s. S. 106), Jakobs- (s. S. 98) und Miesmuscheln (s. S. 91), geschmorter Schweinebauch (s. S. 116)
STIL-VARIANTEN	Fruchtlambik, Farø. Eng verwandt mit Gose, Lichtenhainer, Grätzer und Weiße.

STILTON MIT BLUTORANGE

ZUTATEN
für 4 Personen

2–3 Blutorangen
½ Granatapfel
200 g Stilton
schwarzer Pfeffer aus der Mühle
Honig zum Beträufeln
Olivenöl zum Beträufeln

Manchmal bedeute große Küche schlicht die Kombination einiger weniger perfekter Produkte. So ergibt zum Beispiel ein gereifter Stilton mit Blutorangen, Olivenöl, schwarzem Pfeffer, Honig und Granatapfel ein unglaublich aromatisches, vielschichtiges Geschmackserlebnis. Das war auch eigentlich schon das Rezept.

ZEIT
10 Minuten

ZUBEREITUNG
Blutorangen so schälen, dass auch die weiße Haut entfernt wird.
Blutorangen in Scheiben schneiden. Die saftigen Kerne aus der Granatapfelhälfte pulen, das geht am besten in der Spüle, es spritzt gerne ein bisschen (siehe Tipp).
Stilton grob zerteilt mit Orangenscheiben und Granatapfel anrichten, pfeffern und mit Honig und Olivenöl beträufeln.

TIPPS: Dazu passt Roggenbrot, Vollkornbrot oder Pumpernickel.
In gut sortierten Supermärkten und beim türkischen Gemüsehändler gib es während der Granatapfelsaison (bei uns im Winterhalbjahr) Granatapfel-Kerne lose zu kaufen.

BIERSTILE: Witbier, Honig-Bier

DIE BESONDERE EMPFEHLUNG: „Hochland Honigbock“ von Hofstetter (s. S. 81). Eine Traumkombination: Der Honig baut die aromatische Brücke, der Bock sorgt für genügend Kraft, um neben dem Stilton bestehen zu können. Leichtere und verfügbarere Alternative: das Witbier der belgischen Brauerei Hoegaarden.

Stilton mit Blutorange

Käseterrine im Lauchmantel

KÄSETERRINE IM LAUCHMANTEL

Dieses elegante Gericht kommt direkt aus der gehobenen Küche der 1980er Jahre, eine lohnende kleine Bastelei, die es wert ist, wieder entdeckt zu werden. Die Terrine aus zwei Käsen im Lauchmantel ist nicht nur eine cremig-würzige Köstlichkeit – sie sieht auch immer noch genauso gut aus wie damals!

ZUTATEN
für ca. 12 Scheiben

1 dicke Lauchstange
Salz
4 Blatt Gelatine
400 g Frischkäse
250 g Blauschimmelkäse
250 g Ziegenfrischkäse-Rolle oder Ziegenkäserolle
100 ml Bier
einige große Blätter Basilikum
einige blaue oder rote Trauben
20–40 g Frisée

ZEIT

20 Minuten (plus 3 Stunden Kühlzeit)

ZUBEREITUNG

Ende der Lauchstange abschneiden, Lauchblätter ablösen. Waschen. In Salzwasser 4 Minuten kochen. Herausnehmen und in kaltem Wasser abkühlen. Abtropfen lassen und nebeneinander gelegt zwischen Handtüchern trocknen. Gelatine in kaltem Wasser einweichen. Je 200 g Frischkäse mit Blauschimmelkäse bzw. Ziegenkäse verkneten.

Eine Kasten- oder Terrinen-Form mit Frischhaltefolie, dann mit knapp überlappenden Lauchblättern auslegen. Bier erwärmen, ausgedrückte Gelatine darin auflösen. Jeweils die Hälfte der Flüssigkeit auf die beiden Käse-Massen verteilen, mit dem Handrührgerät rasch unterrühren.

Ziegenkäsecreme in die Form füllen, glatt streichen, mit Basilikum belegen, andrücken. Blauschimmelcreme auftragen und glatt streichen. Lauch darüber zusammenfalten, leicht andrücken, überstehenden Lauch mit einer Schere abschneiden. Terrine für mindestens 3 Stunden in den Kühlschrank stellen.

Anrichten: Terrine auf ein Brett stürzen, Folie abziehen, Terrine mit einem scharfen, in heißes Wasser getauchten Messer in Scheiben schneiden. Mit Weintrauben und Frisée anrichten.

TIPP: Dazu passen Baguette oder ein rustikales Brot ebenso gut wie heiße Pellkartoffeln!

BIERSTILE: Witbier oder Blanche, alternativ Sauerbier

DIE BESONDERE EMPFEHLUNG: „Inedit Damm", das im Stile eines belgischen Witbiers mit Weizen, Koriander und Orangenschale gebraute Luxus-Bier, das von Estrella Damm und Feran Adrià im Jahr 2008 eigens für die gehobene Küche entwickelt wurde.

BROUWERIJ DE MOLEN

BROUWERIJ DE MOLEN

CU Again 4% €2.90
Op & Top
Vuur & Vlam
Dag & Dauw 7.1% €3,
Amarillo 9.2% €4.75
Heen & Weer
Groot & Sterk
Tsarina Esra
Rasputin Bourbon barrel

BROUWERIJ

BODEGRAVEN, NIEDERLANDE

BROUWERIJ DE MOLEN

GLANZ UND GLORIA

Die namensgebende Windmühle steht in Sichtweite der heutigen Brauerei – als Produktionsstätte ist sie längst viel zu klein geworden. Doch auch die heutigen Räume möchten die Macher John Brus und Menno Oliver schon wieder gern erweitern.

Rund 30 Autominuten von Amsterdam entfernt, im kleinen holländischen Örtchen Bodegraven, liegt die Heimat dieser europäischen Brauerei-Erfolgsgeschichte. *„Wir sind fast jedes Wochenende irgendwo in Europa unterwegs auf einem Festival oder einem Bierfest!"*, erzählt Mit-Inhaber John Brus seufzend, *„Und zwar jeder von uns auf einem anderen!" „Uns"*, das meint neben dem 2009 dazugekommenen Informatiker auch Menno Olivier, der – genau wie Brus und viele andere in der Craft-Bier-Szene – einst als Hobbybrauer begonnen hatte. Und sich, einmal der Brau-Leidenschaft verfallen, nach Jahren und Stationen in verschiedenen Brauereien, zuletzt bei der Stadtsbrouwerij de Pilgrim in Rotterdam, schließlich zum Gründer einer eigenen Brauerei emporgebraut hatte.

Einer höchst erfolgreichen, gelinde ausgedrückt. Denn de Molen, die Brauerei mit dem auffälligen Hang zum doppelten Namens-Lottchen – übersetzt heißen die Biere beispielsweise „Groß & Stark", „Hammer & Sichel", „Hölle und Verdammnis" oder „Bomben und Granaten" – erfreut sich innerhalb der Szene der Craft-Bier-Freunde eines Rufs wie Donnerhall. Gebraut wird in Bodegraven die gesamte Palette moderner Craft-Biere: Vom leichten Pale Ale mit 4,5 Volumenprozent und dem programmatischen Namen „Hopfen & Liebe" über ein bemerkenswert elegant gehopftes IPA namens „Vuur & Vlam" (Feuer & Flamme) bis hin zu Sour, Porter, Stout und deren starken Varianten ist eigentlich alles vertreten.

Aber vor allem mit seinen dunklen Starkbieren hat sich de Molen seinen zu Recht legendären Ruf erworben. Beim Rating der bekannten Szene-Plattform Ratebeer (www.ratebeeer.com) war man schon unter den zehn besten Brauereien weltweit, dazu kommen ungezählte weitere Preise und Auszeichnungen für Biere wie das 10%ige Imperial Stout „Hel & Verdoemenis" oder das gar 15%ige Barley Wine „Bommen & Granaten" (wohl wenige Biernamen beschreiben so zutreffend wie dieser, was den Trinker erwartet). Die zusätzlich im Holzfass gereiften Varianten – beispielsweise des „Bommen & Granaten" oder des ebenfalls legendären „Rasputin"– zählen mit zu dem Besten, was der Craft-Bier-Freund in diesem Genre überhaupt probieren kann.

WAS WIR BEI UNSEREN BIEREN SUCHEN, SIND BALANCE UND HARMONIE – KEINE BITTERSTOFF-REKORDE.

Etwas später führt uns John durch die Brauerei. Menno hat sich entschuldigt, er musste sein Flugzeug nach Oslo bekommen – Termine in Norwegen. Neben den beiden Inhabern arbeiten bei de Molen zehn Angestellte. 2014 hat man rund 5000 Hektoliter produziert, 2015 werden es wohl 7000 werden. Das Wachstum ist stetig und aus eigener Kraft finanziert. Früher ging rund 90% der produzierten Menge in den Export. Doch ganz langsam beginnt sich die außerordentliche Qualität auch im eigenen Land herumzusprechen. Trotzdem sind es noch rund 75%, die in über 30 verschiedene Länder exportiert werden.

Trotz des inzwischen großen Erfolgs haben Menno und John ihre Wurzeln als Brauer nicht vergessen. Nach wie vor versteht man sich hier auch als Experimental-Brauerei. *„Wir sind einfach nicht zufrieden, wenn wir nicht regelmäßig auch etwas außerhalb unseres normalen Programms brauen!"*, so John. Wenigstens alle sechs Wochen wird deshalb ein Sud gebraut, wie es ihn so zuvor in Bodegraven noch nie gegeben hat – und wie es ihn zumeist auch nicht noch einmal geben wird.

Auf den Sudkesseln und Lagertanks prangen Star-Wars-Motive: Luke Skywalker, Han Solo, Prinzessin Leia. Sowohl John als auch Menno sind große Fans. Im Nebengebäude finden sich die Flaschenabfüllung, das Lager und ein Wärmeraum, in dem die Biere mit abschließender Flaschengärung reifen. Unter anderem auch jene, die zuvor längere Zeit im Holzfass gelagert wurden. Sie müssen vor dem Verkauf *carbonisiert* werden – nach der Zeit im Fass enthalten sie praktisch kein wahrnehmbares Kohlendioxid mehr.

Was beim Rundgang sofort auffällt, ist das ausgesprochen lässige und gute Arbeitsklima. Egal, wohin wir kommen – Lachen, Scherze, freundliche, hilfsbereite Menschen. Ein weiteres Zeichen für den ganz besonderen Geist, der bei de Molen herrscht: Die bis zu zehn Behinderten, die in der ersten Etage im Rahmen eines integrativen Projekts an der Handetikettierung und -Verpackung kleinerer Spezialsude arbeiten. Auch hier herrscht sichtbar Stolz auf und Freude an der eigenen Arbeit.

Klassische Besichtigungstouren bietet die Brouwerij de Molen nicht an. Ein Zwischenstopp in Bodegraven – beispielsweise auf dem Weg nach Amsterdam – lohnt aber dennoch. Denn in der Mühle befindet sich ein Restaurant, zehn verschiedene Biere von de Molen gibt es hier vom Fass, dazu weitere aus der Flasche. Und der ebenfalls in der Mühle untergebrachte Biershop bietet neben den hauseigenen Bieren eine exquisite Auswahl der Produkte befreundeter Brauereien.

Und auch, wer unbedingt einmal die Brauerei aus der Nähe kennenlernen möchte, hat dazu immerhin einmal im Jahr Gelegenheit: De Molen ist bekannt für seine Kooperationen mit vielen befreundeten Brauereien. Seit dem Jahr 2009 veranstalten Menno und John auf ihrem Gelände am letzten Wochenende im September das Borefts-Bier-Festival, bei dem sich ein beträchtlicher Teil der Crème de la Crème der europäischen Craft-Bier-Szene zum Familientreffen einstellt.

nā

MOUT & MOCCA
SOLO
21-03-15
2480

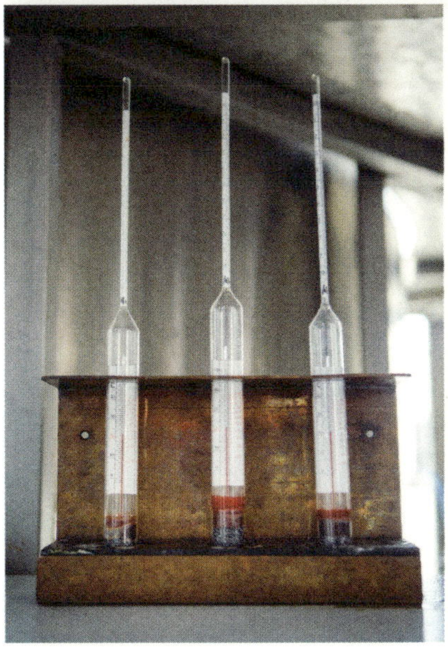

BROUWERIJ

Cuvee #3
Keep cool and dark
Recommended drinking temperature
DE MOLEN

WIR HABEN KEINE KONKURRENTEN – WIR HABEN KOLLEGEN.

Backhendl mit Barbecuesauce

BACKHENDL MIT BARBECUESAUCE

Saftig zartes Hähnchenfleisch unter einer wirklich knusprigen Kruste nach bester Wiener Art! Dazu gibt es würzige, hausgemachte Barbecuesauce – SERVUS und YEEEHAW!

ZEIT
45 Minuten

ZUBEREITUNG

Für die Sauce: Zwiebeln pellen und in feine Spalten schneiden, im Öl goldbraun braten. Knoblauch und getrocknete Tomaten fein würfeln und zugeben. Mit beiden Paprikapulvern bestäuben. Tomatenmark und braunen Zucker unterrühren. Aufkochen und mit 250 ml Wasser, Pflaumenmus und stückigem Tomatenragout verrühren. Bier und Balsamessig zugeben. Offen 25–30 Minuten unter Rühren dicklich einkochen. Mit Salz würzen.

Für das Backhendl: Hähnchenteile unter kaltem Wasser abspülen. Mit der fein abgeriebenen Schale und dem Saft der Zitrone, Paprikapulver und Pfeffer vermengen. Im Mehl wenden. Eier verquirlen, Hähnchenteile darin wenden. Dann in den Bröseln wälzen, Brösel gut andrücken. Hähnchenteile auf einem Blech mit Backpapier 15 Minuten „antrocknen" lassen.

Öl in einer Fritteuse oder in einem hohen Topf auf 170 Grad erhitzen (wenn an einem hineingehaltenen Holzkochlöffelstiel Bläschen aufsteigen, ist die richtige Temperatur erreicht). Hähnchenteile portionsweise ca. 10 Minuten frittieren, ab und zu wenden. Auf Küchenpapier abtropfen, salzen. Mit der Barbecuesauce servieren.

TIPP: Wer das Hähnchen nicht selbst zerlegen möchte, bittet den Metzger: 2 Flügel, je 2 Ober- und 2 Unterkeulen und 2 Brüstchen ohne Knochen, einmal halbiert.

BIERSTILE: Dazu passen die verschiedensten Bierstile, vom frischherben Pils über spritziges Kölsch bis hin zu dunkleren und malzigeren Stilen.

DIE BESONDERE EMPFEHLUNG: Ein Bier, das nicht nur aus der gleichen Stadt wie das Gericht stammt, sondern auch mit „Wiener Malz" gebraut wurde: Das milde „Wiener Lager" von BrewAge lässt Hendl und Sauce genügend Raum und bestätigt damit die alte Sommelier-Weisheit „what grows together, goes together"!

ZUTATEN
für 2–4 Personen

Für die Barbequesauce:
200 g kleine Zwiebeln
3 EL Öl
1 Knoblauchzehe
4 getrocknete Soft-Tomaten
1 Msp. geräuchertes Paprikapulver
1 EL Paprikapulver, edelsüß
1 EL Tomatenmark
100 g brauner Zucker
50 g Pflaumenmus
500 g stückiges Tomatenragout
50 ml Malzbier
2 EL Balsamessig (Aceto Balsamico)
Salz

Für das Backhendl:
1 Hähnchen, ca. 1,2 kg, in 10 Teile zerlegt (s. Tipp)
½ Bio-Zitrone
1–2 TL Paprikapulver, edelsüß
schwarzer Pfeffer aus der Mühle
80 g Mehl (Type 405)
2 Eier (M)
300 g Semmelbrösel
Salz

LIMETTEN-TROPFQUARK MIT GEBRATENER INGWER-ANANAS UND CASHEWKERNEN

ZUTATEN
für 4 Personen

Für den Tropfquark:
1 Bio-Limette
600 g Sahnequark
2–3 EL Zucker

Für die Ingwer-Ananas:
20 g frischer Ingwer
8 Ananasscheiben
3 EL Sonnenblumenöl
4 EL India Pale Ale
2 EL Ananas-Konfitüre
4 EL geröstete, gesalzene, grob gehackte Cashewkerne

Süß-säuerlicher Limetten-Quark mit ingwerscharfen, gebratenen Ananasscheiben, dazu gesalzene Cashewkerne – und irgendwo auf dem Teller versteckt sich noch ein zitronig-frisches India Pale Ale, dass auch DAZU sehr gut schmeckt!

ZEIT

20 Minuten (plus mindestens 5 Stunden zum Abtropfen)

ZUBEREITUNG

Für den Tropfquark: Limettenschale fein abreiben, Limette auspressen. Schale und Saft mit Quark und Zucker verrühren. 4 saubere Geschirrtücher gründlich auswaschen, Quark mittig auf die Geschirrtücher verteilen, Tücher über dem Quark mit Schnüren straff zusammenbinden. Die Päckchen zum Abtropfen aufhängen, beispielsweise über der Spüle. Mindestens 5 Stunden abtropfen lassen, am besten über Nacht.

Für die Ingwer-Ananas: Ingwer schälen und fein raspeln. Die Ananasscheiben in einer beschichteten Pfanne im Öl 2–3 Minuten anbraten, wenden und nochmals 2–3 Minuten braten. Mit Bier ablöschen. Aufwallen lassen und den Ingwer mit der Ananas-Konfitüre einrühren. Kurz dicklich einkochen lassen.

Die Tropfquark-Portionen vorsichtig aus dem Tuch lösen und auf Teller setzen. Ananasscheiben (heiß oder kalt) mit grob gehackten Cashews bestreuen und dazu servieren.

TIPP: Frische Ananas schmecken besser als Dosenware; in gut sortierten Supermärkten gibt es sie geschält und entstrunkt in der Gemüse- oder Frischwarenabteilung.

BIERSTILE: IPA, Pale Ale, Fruchtlambik, Geuze

DIE BESONDERE EMPFEHLUNG: „Hopfenstopfer Citra Ale", das ausschließlich mit dem hocharomatischen Citra-Hopfen gehopft wird. Dessen namensgebende Zitrusaromen verschmelzen mit Ingwer und Ananas zu einem sommerlich fruchtigen Dreiklang.

Limetten-Tropfquark mit gebratener Ingwer-Ananas und Cashewkernen

APFELMUFFINS MIT KARAMELLSAUCE

ZUTATEN
für 12 Muffins

Für die Apfelmuffins:
125 g Butter
50 g Zucker
1 Pkg. Vanillezucker
Salz
2 Eier
150 g Mehl
1 Pkg. Backpulver
1 EL Milch
1 Apfel (z.B. Elstar)
50 g geriebene Haselnüsse
Butter für die Form

Für die Karamellsauce:
100 g Zucker
200 g Sahne
1–2 Prisen gemahlener Espresso-Kaffee

Karamell-Popcorn (optional)

Luftig-saftige Apfelmuffins werden dick mit warmer Karamellsauce überzogen. Mehr muss man nicht wissen.

ZEIT

40 Minuten (plus 20 Minuten Zeit zum Abkühlen)

ZUBEREITUNG

Für die Apfelmuffins: Ofen auf 200 Grad heizen. Butter, Zucker, Vanillezucker und eine Prise Salz mit den Quirlen des Handrührgerätes oder in der Küchenmaschine schaumig rühren. Eier nacheinander unterquirlen. Mehl und Backpulver vermischen und mit der Milch unter die Eimasse rühren. Apfel schälen, fein reiben und mit den Haselnüssen unter den Teig quirlen.

Teig in eine ausgebutterte Muffinform verteilen. Im heißen Ofen auf der ersten Schiene von unten 20–25 Minuten goldbraun backen. Muffins in der Form leicht abkühlen lassen.

Für die Karamellsauce: Zucker und Sahne mit dem Kaffee aufkochen und unter beständigem Rühren mit einem Holzlöffel kochen, bis eine hellbraune Karamellsauce entstanden ist (dauert ca. 10 Minuten).

Anrichten: Am besten schmeckt es, wenn die Muffins noch handwarm mit der heißen Karamellsauce überzogen werden. Nach Wunsch mit Popcorn bestreut servieren.

BIERSTILE: kräftige, malzbetonte Biere wie Bock, Doppelbock, Barley Wine oder Imperial Stout

DIE BESONDERE EMPFEHLUNG: Mikkeller „Beer Geek Breakfast“, das mit Haferflocken und Kaffee eingebraut wird und dem Pairing-Klassiker „Kaffee & Kuchen“ so eine völlig neue Bedeutung gibt.

Apfelmuffins mit Karamellsauce

CHICO, USA

SIERRA NEVADA

SIERRA NEVADA

In etwas mehr als 35 Jahren hat sich das Craft-Bier-Urgestein Sierra Nevada von der Garagen-Kleinstbrauerei zur siebtgrößten Brauerei der USA gemausert. Die jährliche Produktion beträgt mehr als 1,5 Millionen Hektoliter. Eine amerikanische Erfolgsgeschichte.

„Im Prinzip machen wir immer noch das Gleiche, das wir getan haben, als wir noch in 20-Liter-Eimern gebraut haben!", sagt der Gründer von Sierra Nevada, Ken Grossman – und ist sich der Koketterie dieses Satzes durchaus bewusst. Denn die Zeit, als er noch in 20-Liter-Eimern braute, ist lange vorbei. Allein der Aufbau des zweiten Standorts an der Ostküste in den letzten drei Jahren hat rund 100 Millionen Dollar verschlungen – und die Absatzzahlen erreichen ein Niveau, mit dem in Deutschland auch Branchenriesen glücklich wären.

Zuweilen fällt es schwer, Sierra Nevada noch als Craft-Bier-Brauerei zu betrachten. Doch gebraut wird in Chico mit derselben Leidenschaft und demselben Willen zur außerordentlichen Qualität wie am ersten Tag. Man sieht sich hier nach wie vor als Teil der Craft-Bewegung und eine Vielzahl von Kooperationen mit kleineren, jungen Brauereien zeugen vom engen Kontakt, den man nach wie vor zur Szene hält.

Begonnen hat die Erfolgsgeschichte in Chico, Kalifornien, mit 100.000 im Kreis der Familie zusammengeliehenen Dollar – denn eine Bank von seinem Businessplan zu überzeugen, war Grossman nicht gelungen. Nachdem er fast ein Jahrzehnt lang Erfahrung als Hobbybrauer gesammelt hatte, gründete er 1979 am Rande der Sierra Nevada die gleichnamige Brauerei. *„Damals gab es nicht besonders viele Möglichkeiten, interessante Biere zu kaufen. Also habe ich mich entschieden, sie einfach selbst zu brauen"*, sagt Grossman. Am 15. November 1980 kam – nach zehn Suden, die allesamt den Ansprüchen Grossmans nicht genügt hatten – das erste Sierra Nevada *Pale Ale* auf den Markt. Gehopft war es mit Cascade, heute *der* Hopfen der Craft-Bier-Szene schlechthin. Damals war es eine obskure Sorte, ursprünglich gezüchtet, um den krankheitsanfälligen Mittelfrüh zu ersetzen. Wegen ihrer enorm intensiven Fruchtaromen wurde sie von den amerikanischen Großbrauereien als untauglich angesehen. Für die Craft-Bier-Pioniere damals aber war es genau diese Aromatik, die die Neuzüchtung interessant machte.

Bis heute ist das Pale Ale Flaggschiff und *signature brew* von Sierra Nevada zugleich. Ein Jahr später folgte dann das erste IPA. Die beiden Bierstile sind „Brot & Butter"-Biere, verantwortlich für einen Großteil des jähr-

IM PRINZIP MACHEN WIR IMMER NOCH DAS GLEICHE, WAS WIR GETAN HABEN, ALS WIR NOCH IN 20-LITER-EIMERN GEBRAUT HABEN.

lichen Umsatzes. Doch natürlich ist es in den letzten drei Jahrzehnten nicht dabei geblieben. Eine Menge hat sich verändert: Das Stammhaus in Chico ist im Craft-Boom zur vielbesuchten Touristen-Attraktion geworden, das Angebot wurde enorm verbreitert: Neben den Ales hat sich „Nooner", ein bemerkenswert süffig-fülliges Pilsener zum Angebot gesellt, unter dem Label „Ovila" werden in Zusammenarbeit mit einem amerikanischen Zisterzienserorden Abteibiere nach belgischen Vorbild produziert, viele nur saisonal gebraute Spezialitäten runden das Programm ab. Unlängst verkündete man in Chico stolz die Zusammenarbeit mit der Augsburger Riegele-Brauerei zur Produktion eines authentischen Oktoberfestbiers. Selbst ein Kölsch findet sich im umfangreichen Brau-Portfolio.

Stetige Innovation ist für Sierra Nevada bis heute ein wichtiges Thema. *„Wir haben nicht vergessen, was unsere Wurzeln sind: Wir experimentieren nach wie vor, um möglichst großartige Biere zu brauen!"*, sagt Grossman. Bestes Beispiel für diese Haltung ist das neben dem Pale Ale wohl bekannteste Bier der Brauerei, das auch hierzulande recht gut verfügbare „Torpedo Extra IPA". Es war das erste ganzjährig erhältliche IPA von Sierra Nevada und von seiner Einführung im Jahr 2009 an ein großer Erfolg. Die beeindruckende Hopfenwürzigkeit des Bieres beruht auf einer technischen Innovation, die dem Bier schließlich auch seinem Namen gab: dem „Hopfen-Torpedo". Anstatt die IPA-typische abschließende Hopfengabe in den Gär- oder Lagertank zu schütten, wird der Hopfen – in Chico werden nur ganze Dolden und keine Pellets verwendet – in einen Metallzylinder gefüllt, durch den dann das reifende Bier konstant gepumpt wird. Das Ergebnis: eine intensive Aromenausbeute bei gleichzeitig eher moderater Bitterkeit.

Ein anderes Beispiel ist das „Brux", eine Kooperation mit der amerikanischen Craft-Bier-Legende Russian River: Um das auch mit „wilden" Hefen flaschenvergorene Bier in konstanter Qualität herstellen zu können, wurde eigens eine modifizierte, aus der Pharmazie stammende Dosieranlage installiert, die unmittelbar vor dem Verschluss der Flasche eine definierte Menge der im Handling nicht einfachen Hefe hochpräzise in jede Flasche injiziert. Letztes Beispiel kalifornischer Innovationsfreude: das – ebenfalls hierzulande problemlos erhältliche – „Hop Hunter", mit dem IPA-Freunde auch außerhalb der Hopfenernte in den Genuss eines Bieres mit „grünem", also ungetrocknetem, Hopfen kommen. Es wird zusätzlich zur normalen Hopfung mit einem Öl gehopft, das unmittelbar nach der Hopfen-Ernte in einem besonders schonenden Dampf-Verfahren gewonnenen wird. Das „Hop Hunter" zeichnet sich deshalb durch genau die intensiven Zitrusfruchtaromen und floralen Noten aus, die sonst nur Biere aufweisen, die mit *wet hops* (frischem, grünem Hopfen) gestopft wurden.

Ken Grossman blickt nicht ohne Stolz auf das zurück, was er in den letzten 30 Jahren erreicht hat: *„Als ich die Firma gegründet habe, galt amerikanisches Bier als schlechter Witz. Heute besuchen uns Brauer aus Deutschland, um zu studieren, wie wir unser Bier brauen!"* Es scheint, als sei der heute 59-Jährige auch weiterhin fest entschlossen, seinen Beitrag zu einer Welt mit besseren Bieren zu leisten.

SIERRA NEVADA BREWERY

PALE ALE
SIERRA
SIERRA
SIERRA

Schoko-Brownie-Kuchen mit Orange und geschmolzenen Feigen

SCHOKO-BROWNIE-KUCHEN MIT ORANGE UND GESCHMOLZENEN FEIGEN

Der klassische Brownie in der Festtagsversion mit süßer Schokolade, herbem Bockbier und Orangenmarmelade. Dazu gibt es in Honig und Bier geschwenkte Feigen und eine kühle Orangen-Schmand-Sauce.

ZEIT

15 Minuten (plus 30 Minuten Backzeit plus ca. 45 Minuten zum Auskühlen)

ZUBEREITUNG

Für den Kuchen: Ofen auf 180 Grad vorheizen. Kuvertüre fein hacken. Butter in einem Topf schmelzen, vom Herd nehmen, Kuvertüre unter Rühren darin auflösen. Eier und Zucker mit den Rührbesen des Handrührgerätes in 5 Minuten dick-schaumig aufschlagen.

Schmand und Bier glatt verrühren, dann unterrühren. Schokoladen-Butter-Masse unterrühren. Mehl, Backpulver und Kakao sieben, mit den Haselnüssen unterheben. Boden und Ränder einer Springform (22 cm Ø) mit zugeschnittenem Backpapier auskleiden. Teig in die Form geben und auf einem Gitter im heißen Ofen 30 Minuten backen. Herausnehmen, in der Form auskühlen lassen.

Für die Feigen und die Sauce: Für die Sauce Orangenschale fein abreiben, die Orange auspressen. Saft und Schale mit Schmand, Sahne und ½ EL Honig glatt rühren. Feigen waschen, halbieren und in einer Pfanne im heißen Öl mit restlichem Honig 1–2 Minuten schwenken. Mit Bier abschmecken.

Anrichten: Orangenmarmelade in einem Topf schmelzen. Kuchen aus der Form nehmen, Oberfläche dünn mit Marmelade bepinseln. Kuchen quer halbieren. Die untere Hälfte mit der übrigen Marmelade bestreichen, andere Hälfte wieder aufsetzen. Mit Feigen und Sauce servieren.

BIERSTILE: dunkles Bockbier, Porter, Stout und Imperial Stout

DIE BESONDERE EMPFEHLUNG: Maisel & Friends „Marc's Chocolate Bock" oder, wenn es etwas Außergewöhnliches sein darf, das mächtige, bei Ratebeer.com mit maximalen 100 Punkten bewertete „Black Chocolate Stout" der Brooklyn Brewery.

ZUTATEN

für ca. 12 Stück

Für den Kuchen:

200 g Zartbitter-Kuvertüre
200 g Butter
3 Eier (M)
100 g Zucker
50 ml Schmand
50 ml Bier
100 g Mehl (Type 405)
1 gestr. TL Backpulver
1 EL Kakao
50 g gemahlene Haselnüsse
150 g Orangenmarmelade

Für die Feigen und die Sauce:

½ Bio-Saftorange
100 g Schmand
50 ml Schlagsahne
ca. 2,5 EL Honig
8 Feigen
2 EL Öl
1 Spritzer Bier

BERLINER-WEISSE-„WACKELPETER“

ZUTATEN
für 4–6 Personen

4 Blatt Gelatine
330 ml Berliner Weiße
100 ml Waldmeistersirup
1 EL Zucker
100 g saure Sahne
1 EL Vanillezucker
Saft von ½ Limette
100 ml Sahne

Der Wackelpeter für Erwachsene ist eine wahre Götterspeise, kühl, erfrischend, süß, mit belebender Säure und am besten auf Sonnenterrassen wegzulöffeln.

ZEIT

15 Minuten (plus mindestens 5 Stunden Kühlzeit)

ZUBEREITUNG

Gelatine in kaltem Wasser einweichen. Bier mit Waldmeistersirup und Zucker in einem Topf erhitzen. Die ausgedrückte Gelatine darin auflösen. In Portionsgläser füllen.

Den Wackelpudding mindestens 5–6 Stunden im Kühlschrank gelieren lassen. Aus saurer Sahne, Vanillezucker und Limettensaft eine Creme anrühren. Sahne steif schlagen und unterheben. Die Götterspeise damit toppen und: genießen!

BIERSTILE: Berliner Weiße oder Gose

DIE BESONDERE EMPFEHLUNG: „Londoner Weisse infused with gin botanicals“ der Beavertown Brewery, deren Kräuternoten schön mit dem Waldmeister harmonieren. Alternativ und leichter erhältlich: eine handwerklich produzierte Berliner Weiße, beispielsweise von Andreas Bogk (s. S. 93) oder BrewBaker.

Berliner-Weiße-„Wackelpeter“

Sauerbier

KRIEK

Ausgangsbier ist stets ein Lambik. Zum Abschluss kommen Früchte mit ins Holzfass, in dem sie bis zu sechs Wochen reifen. Bei traditionell hergestellten Krieks schließt sich eine zweite Gärung auf der Flasche an. Solche Krieks („oude“) sind knochentrocken, bei modernen wird die Fermentation zugunsten einer leichten Restsüße gestoppt.

URSPRUNG	Belgien
CHARAKTER	säuerlich frisch, kräftig fruchtig und knochentrocken
GÄRUNG	spontanvergoren (u.a. mit Brettanomyces)
ALKOHOLGEHALT	3,5 bis 8 Vol.-%
TRINKTEMPERATUR	5 bis 9 °C
GLASWAHL	Biertulpe  Ballonglas 
REFERENZBIERE	Cantillon Kriek, Boon Kriek „Mariage Parfait“
REZEPTE	süße Bierwaffeln (s. S. 231), Joghurt-Mousse (s. S. 232)
STIL-VARIANTEN	Framboise (Himbeere), Pêche (Pfirsich), Lambiks mit Rhabarber, Johannisbeeren oder Trauben. Eng verwandt mit anderen Sauerbieren wie Gose oder Weiße.

Süße Bierwaffeln mit Sauerkirschen und Vanillejoghurt

SÜSSE BIERWAFFELN MIT SAUERKIRSCHEN UND VANILLEJOGHURT

Die fruchtigen Kriek-Lambik-Biere eignen sich hervorragend für die Patisserie und als Begleitung zu Kirschdesserts. Dazu gibt würziges Trappisten-Bier den süßen Waffeln eine ganz besondere Note.

ZUTATEN

für 4 Personen

Für die Kirschen und den Vanillejoghurt:

300 g Sauerkirschen (TK)
Zucker nach Geschmack
ca. 70 ml Kriek-Bier
1–2 TL Speisestärke
1 Vanilleschote
100 g Joghurt
50 ml Sahne
Zitronensaft zum Abschmecken

Für die Waffeln:

125 g weiche Butter
120 g Zucker
Salz
3 Eier
150 g Mehl (Typ 405)
100 g Buchweizenmehl (wahlweise Mehl Typ 405)
1 TL Backpulver
100 ml kräftiges Bier
100 ml Milch
Öl zum Waffelbacken
Hagelzucker zum Bestreuen

ZEIT

40 Minuten

ZUBEREITUNG

Für die Kirschen und den Vanillejoghurt: Sauerkirschen mit 1 EL Zucker und 50 ml Bier aufkochen. 2 EL Bier mit Speisestärke verrühren und unter die kochenden Kirschen rühren. Beginnen die Kirschen zu binden, Kompott vom Herd ziehen und in eine Schüssel umfüllen. Abkühlen lassen, dabei öfter rühren.

Vanilleschote ausschaben und das Mark mit Joghurt, Sahne und Zucker nach Geschmack glatt rühren. Mit etwas Zitronensaft abschmecken.

Für die Waffeln: Butter mit 30 g Zucker und einer Prise Salz mit den Quirlen des Handrührgerätes schaumig aufschlagen. Eier trennen. Eiweiß mit den fettfreien (!) Quirlen des Handrührgerätes steif schlagen, dabei den übrigen Zucker einrieseln lassen. Die Eigelbe nacheinander unter die Buttermasse quirlen.

Mehle und Backpulver mischen und nach und nach mit Bier, Milch und Eischnee unter die Teigmasse rühren. Teig 5 Minuten ruhen lassen. Waffeleisen erhitzen, dünn mit Öl bestreichen, 2 EL Teig hineingeben und bei mittlerer Hitze in ca. 4–6 Minuten zu goldbraunen Waffeln backen. Auf diese Weise 10–12 Waffeln backen. Nach Belieben vor dem Servieren mit etwas Hagelzucker bestreuen.

Die Waffeln mit den Kirschen und der Vanillejoghurtsauce servieren.

BIERSTILE: Fruchtlambik, Kriek

DIE BESONDERE EMPFEHLUNG: Ein Bier-Dreiklang aus Belgien: intensiv kirschfruchtiges „Lindemans Kriek“ für die Kirschen, ein Schuss Trappistenbier „Chimay Rouge Premier“ für die Waffeln und als Begleitung eines der besten Sour Ales der Welt – das Kriek „Mariage Parfait“ von Boon. Eine hochkomplexe Aromensymphonie auf der Basis von Sauerkirschen.

JOGHURT-MOUSSE MIT KARAMELL UND BAISER

ZUTATEN
für 4–6 Personen

500 g stichfester Joghurt, 3,5% (z.B. Bulgarischer Joghurt)
120 g Zucker
1 EL Zitronensaft
400 ml Sahne
½ Pk. Vanillezucker
2 EL Pinienkerne
6 Baiser-Tropfen, weiß oder Mokka
Karamellsauce (s. S. 218)

Die luftig-frische Mousse aus Joghurt und Sahne kommt gänzlich ohne Gelatine aus und schmeckt zum Weglöffeln gut. Übrigens nicht nur mit Karamellsauce, gerösteten Pinienkernen und Baiserbruch – probieren Sie unbedingt auch Variationen mit Fruchtsaucen und frischen Früchten.

ZEIT
20 Minuten (plus Zeit zum Abtropfen)

ZUBEREITUNG
Ein Sieb mit einem heiß ausgespülten, sauberen Geschirrtuch auslegen und auf eine Schüssel setzen. Joghurt mit Zucker und Zitronensaft glatt rühren. Schlagsahne mit Vanillezucker cremigsteif schlagen und unter den Joghurt heben. Alles in das mit dem Tuch ausgelegte Sieb geben. Das Tuch über der Mischung zusammenschlagen, Mousse über Nacht an einem kühlen Ort abtropfen lassen.

Mousse am nächsten Tag auf eine Platte stürzen. Pinienkerne in einer Pfanne ohne Fett goldbraun rösten, abkühlen lassen und ganz grob hacken. Baisertropfen klein zerbröseln und alles über die Mousse streuen. Kurz vor dem Servieren mit etwas Karamellsauce überziehen, übrige Karamellsauce dazu reichen.

BIERSTILE: Einfacher, Doppel- und Weizenbock, Barley Wine. Fruchtfreunde greifen zu Kriek und Fruchtlambik.

DIE BESONDERE EMPFEHLUNG: Boon „Oude Kriek“. Ein knochentrockenes Lambik mit intensiver Kirschfrucht und großer aromatischer Tiefe – aber ohne jeden Zucker. Der ist schließlich im Dessert ausreichend vorhanden.

Joghurt-Mousse mit Karamell und Baiser

GEWÜRZBASIERT

WITBIER

Eine ehemals fast ausgestorbene belgische Spielart des Weizenbieres. Basiert auf Gerstenmalz und ungemälztem Weizen. Traditionell gewürzt mit Orangenschale und Koriandersaat. Hefetrüb, strohgelb und auffallend hell. Erfrischend fruchtig und aromatisch tief. Wird kalt getrunken.

URSPRUNG	Belgien
CHARAKTER	säuerlich frisch, aromatisch
GÄRUNG	obergärig
ALKOHOLGEHALT	4 bis 7 Vol.-%
TRINKTEMPERATUR	6 bis 8 °C
GLASWAHL	Whit-/ American-Wheat-Glas 
REFERENZBIERE	Hoegaarden „Wit Blanche", Hitachino Nest „White Ale", Blanche de Namur
REZEPTE	Bratwürste aus dem Zwiebelsud (s. S. 158), Hirsch-Schnitzel (s. S. 131), Stilton mit Blutorange (s. S. 204)
STIL-VARIANTEN	keine

Mango mit Marzipanbröseln und Vanillejoghurt-Limetten-Sauce

MANGO MIT MARZIPANBRÖSELN UND VANILLEJOGHURT-LIMETTEN-SAUCE

Reife, süße Mango mit Marzipanbutterbröseln heiß aus dem Ofen, dazu gibt es kühle Vanillejoghurt-Limetten-Sauce – und ein kaltes Bier, das sich als perfekter Begleiter zur süßen Speise entpuppt.

ZUTATEN
für 4 Personen

2 reife Mangos
100 g Marzipanrohmasse
50 g kalte Butter in Würfeln
100 g Semmelbrösel
100 ml Vanillejoghurt
50 ml saure Sahne
½ Bio-Limette
1–2 TL Vanillezucker

ZEIT
25 Minuten

ZUBEREITUNG

Mangos ungeschält in Hälften links und rechts vom Stein schneiden. Fruchtfleisch der Hälften gleichmäßig kreuzförmig bis zur Schale einschneiden. Die Schale dann mit sanftem Druck nach innen einschlagen, sodass „Mango-Igel" entstehen. Auf ein Blech mit Backpapier setzen. Ofen auf 220 Grad vorheizen.

Marzipanrohmasse mit Butterwürfeln und Semmelbröseln mischen. Rasch verkneten und verreiben, bis süße Brösel entstanden sind. Brösel auf die Mangos verteilen. Im heißen Ofen 6–8 Minuten backen, bis die Brösel goldbraun sind.

Inzwischen das übrige Fruchtfleisch von den Kernen schneiden. Im Mixer mit Vanillejoghurt, saurer Sahne, fein abgeriebener Limettenschale und Limettensaft sowie Vanillezucker zu einer Sauce pürieren. Sauce zur gebackenen Mango servieren.

BIERSTILE: Ein perfektes Gericht für die exotischen Fruchtaromen vieler IPAs. Alternativ passen Pale Ale oder Weizen.

DIE BESONDERE EMPFEHLUNG: Der in vielen Bio-Supermärkten recht gut erhältliche „Riedenburger Doldensud" vom Riedenburger Brauhaus, dessen deutliche Mango- und Zitrusaromen eine perfekte aromatische Brücke zum Dessert bauen.

BERLINER-SOUFFLEE MIT HIMBEERSAUCE

ZUTATEN
für 6 Portionen

Für die Soufflees:
weiche Butter für die Form
3 EL Semmelbrösel
3 Berliner
2 Eier (M)
Prise Salz
50 ml Schlagsahne

Für die Himbeersauce:
300 g Himbeeren (TK, aufgetaut)
Saft von ½ Zitrone
100 g Himbeermarmelade
Puderzucker nach Geschmack
125 g frische Himbeeren

Sie heißen Berliner, Puffer oder Kräppel, immer aber sind die fettgebackenen Hefekrapfen gemeint, die insbesondere zu Fasching und zum Jahreswechsel sehr beliebt sind. Als luftiges Soufflee dürften sie allerdings rund ums Jahr auf den Desserttellern ein Plätzchen finden.

ZEIT

20 Minuten (plus 20 Minuten Backzeit)

ZUBEREITUNG

Für die Soufflees: Eine 6-Loch-Muffin-Form dünn mit Butter ausstreichen, mit Bröseln „panieren". Ofen auf 200 Grad vorheizen.

Berliner mittig halbieren, Füllung herausschaben. Berliner sehr fein würfeln, das geht am besten mit einem Sägemesser. 1 Ei trennen, Eiweiß mit Salz mit den Quirlen des Handrührgerätes steif schlagen. Eigelb und ganzes Ei mit der Sahne verquirlen. Die Berliner-Würfel locker untermengen, dann das steife Eiweiß unterheben. Masse in die Muffinform verteilen. Im heißen Ofen 20 Minuten backen.

Für die Himbeersauce: Himbeeren mit Zitronensaft und Marmelade pürieren, Sauce durch ein Sieb passieren. Dessertteller mit Sauce beträufeln, frische Himbeeren darauf verteilen. Soufflees aus dem Ofen nehmen und mittig auf die Teller setzen. Mit Puderzucker besieben. Sofort servieren.

TIPPS: Eine Kugel Vanilleeis dazu ist ein Fest!

Statt Himbeersauce passen auch Erdbeersauce, Vanillesauce, Vanillejoghurt oder Schokoladensauce prima.

BIERSTILE: Berliner Weiße oder belgische Geuze. Für Himbeerfreunde belgisches Framboise.

DIE BESONDERE EMPFEHLUNG: BrewBaker „Berliner Jahrgangsweiße". Selbstverständlich ohne Sirup, dafür mit einem Löffel Himbeersauce mehr. Und wer gar nicht genug bekommen kann vom Himbeeraroma, greift zum „Rosé de Gambrinus" von Cantillon (s. S. 119), das intensive, natürliche Frucht ganz ohne pappige Süße und aufdringliche Aromen liefert.

Berliner-Soufflee mit Himbeersauce

EPIC
KRIEKBIER
Liefmans
Hombeer
närke
närke
KULTURBRYGGERI
CARNIOLA
IMP
Konjaks!
AMARO
Lief & Leed
la Goudale
L'UNA
L'UNA
HOP HEAD
EXTRA
Re Ale
Guld
Platinum
GINGER BEER
Pilsener

EINE ENTSCHULDIGUNG …

… UND EINIGE BÜCHER

So viele Biere. So viele Brauereien. So wenig Platz: Es gäbe noch viele Brauereien und Biere, die ein Portrait im Rahmen dieses Buches verdient hätten. SCHLENKERLA *in Franken beispielsweise oder* ANDREAS GÄNSTALLER *aus Schnaid. Eine der* TRAPPISTEN-BRAUEREIEN *aus Belgien, allen voran die in Westfleteren, mit dem „besten Bier der Welt". Oder ein Vertreter der vielfältigen italienischen Bierszene wie Teo Musso von* BIRRA BALADIN. *Und da wäre auch noch das in Sachen Craft quicklebendige Skandinavien mit Braulegenden wie* MIKKELLER. *Wir entschuldigen uns bei allen, die es genauso verdient hätten, genannt zu werden. Vielleicht klappt es ja eventuell bei einem zweiten Band des „Craft Beer Kochbuchs".*

Für alle, die nicht so lange warten und sich schon vorher etwas tiefer in die Craft-Bier-Welt einarbeiten wollen, haben wir ein paar Literaturempfehlungen zusammengestellt:

Das Craft-Bier Buch von Sylvia Kopp. Gestalten Verlag 2014

Das ausführliche Werk der Bier-Sommelière und Gründerin der Berlin Beer Academy gibt einen weiterführenden Überblick über das Thema.

Cocktalian „Bier & Craft Beer", hg. von Mixology. Tre Torri 2014

Ebenso ausführliches (bis hin zu Hausbrau-Rezepten!) wie schön gestaltetes Kompendium zum Craft-Beer-Universum. Die Ausführungen zum Foodpairing stammen von unserem Rezept-Autor Stevan Paul.

Die Biersorten der Brauwelt von Horst Dornbusch. Verlag Hans Carl 2014

117 verschiedene Bierstile im Porträt, mit dazugehörendem Rezept in einer Profi- (1 hl) und einer Homebrew-Skalierung (20 l).

Craft Beer selber Brauen – die Revolution der Heimbrauer von Fritz und Heike Wülfing. Lempertz Edition und Verlagsbuchhandlung 2014

Eine kleine Tour de force durch die Welt des Craft-Biers und des Heimbrauens. Geschrieben von einem der Altmeister der Szene (s. S. 147).

The Brewmaster's Table von Garret Oliver. HarperCollins (engl.) 2005

Foodpairing-Standardwerk vom Braumeister der New Yorker Brooklyn Brewery.

Oxford Companion to Beer von Garret Oliver. Oxford University Press (engl.) 2011

Das englischsprachige Nachschlagewerk zum Thema Bier vom selben Autor.

REGISTER

WISSENSTEXTE ZUM BIER

REPORTAGEN

BIERSTILE

REZEPTE

A

B

C

D

E

F

H

J

K

DANKSAGUNG

Dieses Buch wäre nicht möglich gewesen, wenn wir nicht eine verdammte Menge Unterstützung gehabt hätten. Zu allererst einmal natürlich durch die hier im Buch portraitierten Brauereien, die uns ihre Tore geöffnet und sich Zeit für uns genommen haben und die uns ihre grandiosen Biere probieren ließen. Für das damit verbundene Vertrauen sind wir sehr, sehr dankbar:

ALE-MANIA
www.ale-mania.de

BOGK BIER
twitter.com/bogkbier

BRLO
www.brlo.de

CANTILLON
www.cantillon.be

DE MOLEN
www.brouwerijdemolen.nl

FERAL BREWING
www.feralbrewing.com.au

HOFSTETTNER
www.hofstetten.at

KERNEL
www.thekernelbrewery.com

KEHRWIEDER KREATIVBRAUEREI
www.kreativbrauerei.de

SCHNEIDER
www.schneider-weisse.de

SCHÖNRAMER
www.brauerei-schoenram.de

UERIGE
www.uerige.de

VORMANN
www.vormann-brauerei.de

Aber Sudpfannen und Lagertanks glänzen nicht mit hochinteressantem Wissen, erzählen keine spannenden Geschichten und geben auch keine hilfreichen Kommentare oder andere Unterstützung. Das tun vor allem Menschen. Wie zum Beispiel:

2cabecas
Beerbods
Rita Bihler
Andreas Bogk
Brauerei Neuzelle
John Brus
Melissa Cafferata
Bernardo Couto
Andy Dickerson
Hans-Peter Drexler
Felix vom Endt
Flying Turtle Beer
Peter Frühwirth
Andreas Gänstaller
Ken Grossman
Matt Guyer
Johannes Heidenpeter
Hopfenland Hallertau Tourismus e.V.
Will Irving
Maira Kimura
Sylvia Kopp
Sabine und Peter Krammer
Christian Kraus
Hannah Kupsch
Katharina Kurz
Christian Laase
Michael Lembke
Daniel Lichter
Markthalle Neun
Martina Mayer
Bernd Müller
Dirk Myny
Menno Oliver
Pax Bräu
Stephanie Poltinger
Peter Read
Anja Reinhardt
Evin O'Riodain
Elisabeth Rose
Julie, Magalie, Jean und Jean-Pierre van Roy
Sebastian Sauer
Georg Schneider VI.
Christoph Tenge
Teresa's Cafe
The DO Lectures
Eric Toft
Tourism Australia
Tanja und Oli Trific
Ulrich-Karl Tröger
Brendan Varis
Richard Voit
Pauline und Christian Vormann
Ute Wachendorf
Julia und Oliver Wesseloh
WBB Willner Brauerei Pankow
Heike und Fritz Wülfing

Ohne sie alle wäre dieses Buch nicht zu dem Schmuckstück geworden, das es jetzt ist.

CHEERS!

TEAM

STEVAN PAUL, *Rezepte & Foodstyling*

Geb. 1969, lebt in Hamburg. Der gelernte Koch ist als Rezeptentwickler, Foodstylist und Kochbuchautor für Verlage und Redaktionen tätig. Als freier Autor schreibt er kulinarische Texte und Kolumnen für Magazine und Zeitungen. Seit 2008 betreibt er unter nutriculinary.com eines der meistgelesenen Food-Blogs im deutschsprachigen Raum.

WWW.STEVANPAUL.DE

TORSTEN GOFFIN, *Autor*

Torsten Goffin lebt und arbeitet in Köln. Nach mehreren Jahren als Fotograf in der Werbebranche wechselte er vom Reich der Bilder ins Reich der Worte. Heute arbeitet er als Fernseh-Autor, Gastro-Journalist, Hochschul-Dozent und schreibt v.a. für den ZDF-Dauerbrenner SoKo. Seit 2009 betreibt Goffin „Allem Anfang“, einen Blog zu „Essen, Trinken und anderen Formen von Kultur“.

ALLEMANFANG.TUMBLR.COM

DANIELA HAUG, *Fotografie*

Daniela Haug arbeitete als freie Producerin bei internationalen Filmprojekten, bis sie as:if Film Matters in London mitbegründete. 2001 zog sie nach Berlin. Hier produziert sie Filme und web-orientierte Projekte für Kunden wie Mercedes Benz, WDR uva. Als Fotografin veröffentlicht sie in den Bereichen Food, Reise, Kunst und Cars und 2014, gemeinsam mit Stevan Paul, den Bestseller *Auf die Hand.*

WWW.DANIELAHAUG.COM

MIRIAM STROBACH, *Grafische Gestaltung*

Geb. 1982 in Bayern, aufgewachsen in Hessen und Kärnten, lebt in Wien, hat in Graz Informationsdesign studiert und in Paris die Liebe zur Kulinarik entdeckt. Als Mitbegründerin von Le Foodink konzipiert und gestaltet sie Projekte im Bereich Essen und Trinken.

WWW.LEFOODINK.COM

TANJA TRIFIC, *Styling*

Tanja Trific arbeitet seit vielen Jahren als Stylistin für Print und Werbung in Hamburg. 1990 begann sie als Stylistin und Produzentin für *Schöner Wohnen*, seit 2001 ist sie als selbstständige Stylistin u.a. in den Bereichen Lifestyle und Food tätig.

IMPRESSUM

Bibliografische Information der Deutschen Nationalbibliothek
Die Deutsche Nationalbibliothek verzeichnet diese Publikation in der Deutschen Nationalbibliografie; detaillierte bibliografische Daten sind im Internet über http://dnb.d-nb.de abrufbar.

1. Auflage

TEXT: Torsten Goffin
REZEPTE & FOODSTYLING: Stevan Paul
FOTOGRAFIE: Daniela Haug
STYLING: Tanja Trific
ART DIREKTION & GRAFIK: Miriam Strobach, Le Foodink
GRAFIK-ASSISTENZ: Martina Kogler, Le Foodink
REQUISITEN: www.diy-stock.de, Dank an Maren Somfleth; www.das7tezimmer.de, Dank an Gabriele Kos
LEKTORAT: Else Rieger
PROJEKTLEITUNG BRANDSTÄTTER VERLAG: Stefanie Neuhart
PAPIER: Munken Print White 150 g/m^2

Abbildungsnachweis:
Hopfenland Hallertau Tourismus e.V. (Anton Mirwald) S. 10, S. 128;
Sierra Nevada S. 220–223

Wir danken Hopfenland Halltertau und Spiegelau für die Zusammenarbeit und Unterstützung.

SPIEGELAU
CRAFT BEER GLASSES

ISBN 978-3-85033-943-8

Christian Brandstätter Verlag
GmbH & Co KG
A-1080 Wien, Wickenburggasse 26
Telefon (+43-1) 512 15 43-0
Telefax (+43-1) 512 15 43-231
E-Mail: info@brandstaetterverlag.com
www.brandstaetterverlag.com

Designed in Austria, printed in the EU